Petra Kummermehr

Von Mutsteinen, Trostdrachen und Wutkissen

Trostpflaster-Geschichten zum Vorlesen

Mit Bildern von Outi Kaden

Freiburg • Wien • Basel

Inhalt

Vorwort

Angefangen hat alles damit, dass ich für meine Kinder ein Vorlesebuch gesucht habe – mit geschmackvollen Illustrationen und einfühlsamen, lustigen und spannenden Geschichten, die sie dabei unterstützen, sich, ihre Gefühle und die Welt um sich herum besser zu verstehen. Ein Vorlesebuch, das sowohl Kindern als auch Eltern hilft, mit alltäglichen Situationen besser und kreativer umzugehen.

Aber wie das eben so ist, wenn man etwas ganz Spezielles sucht, man findet es nicht.

Deswegen habe ich angefangen, meinen Kindern eigene Geschichten zu erzählen.

Geschichten sind der ideale Weg, um mit Kindern ins Gespräch zu kommen, das habe ich immer wieder festgestellt. Durch Geschichten fühlen sie sich verstanden und erkennen, dass sie mit ihren Gefühlen nicht allein dastehen.

Die folgenden Geschichten handeln von typischen Alltagssituationen und von den kleinen und großen Sorgen, die die meisten Kinder beschäftigen.

Ich habe sie nicht als Erziehungswissenschaftlerin geschrieben, sondern als Mutter für andere Mütter und Väter. Für alle, die ihre Kinder nicht bierernst, sondern mit Liebe, Spaß und Fantasie erziehen wollen.

Für Inspirationen und Denkanstöße danke ich vor allem Petra Okoh, Silke Eilers, Kathrin Sommer, Monika Gröschel, Erika Furchtmann und natürlich meinem Mann Eric und meinen beiden Töchtern Mia und Julie.

Viel Spaß beim Lesen!
Ihre

Petra Kummermehr

„Ich trau mich nicht"
oder wie Matilda immer mutiger wird

Matilda ist ein nettes, aufgewecktes und fröhliches Kind. Aber sie hat ein Problem: Matilda ist schüchtern. Sehr, sehr schüchtern. Sie macht oft Dinge, die sie eigentlich gar nicht machen möchte. Nur weil andere es von ihr erwarten. So gerne würde sie laut rufen: „Nein, ich möchte nicht mein Frühstück mit dir tauschen!" Oder: „Nein, ich schenke dir nicht meinen neuen Jojo!" Aber meistens ist es nur ein kleines, leises Wispern, das sie herausbringt: „Ich, äh, ich wollte eigentlich nicht, äh... – Na gut!"
Heute holt Opa Matilda von der Schule ab. Und da beobachtet er, wie Matilda sich wieder einmal nicht traut, etwas zu sagen. Zu Hause setzt er sich neben Matilda aufs Sofa und beginnt, von früher zu erzählen. Von der Zeit, als er selbst noch klein und schüchtern war und sich nicht viel traute. Matilda hört gespannt zu. Sie ist erstaunt, dass ein erwachsener Mann wie ihr Opa als Kind auch mal schüchtern war – so wie sie.
„Wenn ich so groß bin wie du, dann bin ich bestimmt auch viel mutiger", sagt Matilda erleichtert.
„Bestimmt sogar", versichert Opa. „Aber vielleicht schaffen wir es ja, dass du schon bald mutiger wirst."
„Und wie?", fragt Matilda neugierig.
„Komm einfach mit!", sagt Opa geheimnisvoll und geht zur Haustür. Matilda folgt ihm gespannt. Draußen nimmt Opa

Matildas Hand. Die beiden laufen die Straße entlang, bis sie vor einem Kieshügel stehen.

„Wir suchen jetzt einen besonderen Stein für dich. Einen Mutstein!", erklärt Opa.

Matilda ist sofort begeistert. Sie liebt Steine! Runde, eckige, glatte, raue, glitzernde, schwarze, weiße, bunte. Sofort beginnt sie, nach einem außergewöhnlich schönen Kieselstein Ausschau zu halten. Es dauert nicht lange, da hat sie einen gefunden. Er ist vollkommen weiß, perfekt rund und ganz glatt.

Zu Hause malt sie den Stein mit ihrem Opa mit türkisblauer und silberner Farbe an. Der Stein strahlt und glänzt nun – und sieht wirklich wie ein echter Mutstein aus. Matildas Mutstein!

„Trag den Stein immer bei dir. Wenn du ihn berührst, wirst du dich gleich viel mutiger fühlen", verspricht Opa. „Du wirst sehen!"

Am nächsten Tag in der Schule hat Matilda gleich Gelegenheit, ihren Mutstein zu testen. Die Klassenlehrerin hat Geschenke für alle mitgebracht: Springseile, Bänder und Bälle. Jedes Kind darf sich etwas aussuchen. Alle stürmen sofort zum Lehrerpult. Alle, bis auf Matilda. Zaghaft geht sie nach vorne, aber sie wird immer wieder abgedrängt. Als sie sich bis zur Lehrerin vorgekämpft hat, sind nur noch ein Springseil und ein Ball übrig. Matilda will sich gerade den Ball nehmen, da wird sie von Marvin weggeschubst. Schnell schnappt er nach dem Ball und ruft: „Nimm dir doch das Springseil, Bälle sind eh was für Jungs."

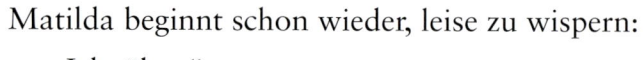

Matilda beginnt schon wieder, leise zu wispern: „Ich, äh …"

Da fällt ihr schlagartig der Mutstein wieder ein. Vorsichtig greift sie in ihre Hosentasche und berührt den Stein. Und da passiert es! Der Stein in ihrer Hand wird plötzlich ganz warm und bewegt sich leicht. Als sie ihn herausnimmt, beginnt er sanft zu leuchten. Er strahlt eine magische Kraft aus, die nun auf Matilda übergeht. Eine warme Welle schwappt durch Matildas Körper. Mit einem Mal fühlt sie sich sicher und stark. Ohne lange nachzudenken, sagt sie bestimmt und mit fester Stimme: „Nein, Marvin! Ich wollte den Ball gerade nehmen."

Marvin ist verblüfft! Das hätte er Matilda nicht zugetraut. Sie hat sich tatsächlich getraut, ihm zu widersprechen. Wo doch jeder weiß, dass er der Stärkste in der Klasse ist. Und weil er so überrascht ist, gibt er ihr den Ball. Einfach so.

Matilda ist wahnsinnig stolz auf sich. Es war ganz leicht!

Und auch Opa ist wahnsinnig stolz auf seine Matilda, als sie ihm von ihrer Mutprobe erzählt.

„Und weil du das so toll gemacht hast", sagt Opa feierlich, „hast du dir eine Belohnung verdient."

Hoch oben aus dem Küchenschrank holt Opa eine hübsche Dose hervor. Er macht den Deckel auf und sagt: „Hier, du darfst dir was aussuchen. Für mutige Kinder wie dich habe ich ganz spezielle Mut-Tattoos, Mut-Kekse und Mut-Aufkleber."

Es gibt viele Situationen im Alltag, in denen Kinder ihren Mut beweisen müssen. Dabei ist es wichtig, mit dem Kind über seine Ängste zu sprechen und ihm zu zeigen, dass es völlig in Ordnung ist, auch mal Angst zu haben. Denn auch aus ängstlichen Kindern können selbstbewusste Erwachsene werden.

Mutsteine können Kindern dabei helfen, selbstsicherer zu werden. Solche Steine haben für Kinder etwas Magisches. Und Kinder lieben Magie, Symbole und Rituale. Außerdem gibt es dem Kind eine zusätzliche Sicherheit, den Mutstein in der Hand zu halten. Es kann sich daran ein wenig festhalten.

Übrigens: Auch Mutproben-Belohnungsdosen mit diversen Aufklebern, Kaugummis oder Ähnlichem sind nicht unbedingt zu verachten.

Der Schatz des Käpt'n Jack Mallou

oder wie Theo sein besonderes Talent entdeckt

„Attackeeeee!", schreien Johannes und Nick und springen mit Stöcken bewaffnet vom Baum hinunter. Theo versucht tapfer dagegenzuhalten. Doch er verliert. Johannes schlägt ihm triumphierend den Stock aus der Hand und lacht. Theo ist geknickt. Er bewundert Johannes und Nick. Er möchte auch so sein wie sie. So mutig und so stark. Aber eigentlich kämpft er gar nicht gerne. Doch das würde er natürlich niemals zugeben.

Jetzt ist er mit den beiden im Kino verabredet. Gemeinsam schauen sie sich den Piratenfilm „Insel der Furchtlosen" an. Furchtlos – das wäre Theo auch gerne, wie ein echter Pirat.

Auf der Leinwand entkommen der Schwarze Pirat und seine Männer gerade ihren Verfolgern und kämpfen sich bis zu einer geheimen Höhle vor. In ihrem Innern soll sich der sagenumwobene Schatz von Käpt'n Jack Mallou befinden. Mit Fackeln in der Hand bahnen sich die Seeräuber einen Weg durch die Höhle. Schließlich gelangen sie zu einem riesigen Felsbrocken mit einer rätselhaften Inschrift. Hier muss sich der Schatz befinden! Mit vereinten Kräften schieben die Piraten den schweren Felsbrocken zur Seite und blicken in ein tiefes, dunkles Erdloch. Sie leuchten mit ihren Fackeln hinein – und tatsächlich! Tief unter ihnen funkelt und glitzert die Schatztruhe. Furchtlos klettert der Schwarze Pirat durch das tiefe Erdloch nach unten. Er befestigt Seil und Haken an der Schatzkiste. Doch sie ist zu schwer. Das Seil reißt. Die Piraten sind wütend. Sie können den Schatz nicht heben. Ihr Mut und ihre Stärke bringen sie hier nicht weiter. Sie brauchen eine zündende Idee und einen Plan.

Theo hätte eine Idee. „Ein Flaschenzug", denkt er. „Das wäre die Lösung!"

„Ein Flaschenzug? Was soll das denn sein?", ruft da der Schwarze Pirat auf der Kinoleinwand und schaut direkt zu Theo herab. Theo wird es ganz mulmig. „Meint er etwa mich?", denkt er.

„Ja, dich meine ich. Komm doch mal her und hilf uns!", fordert der Schwarze Pirat ihn auf. Zögerlich geht Theo auf die Leinwand zu. Johannes, Nick und die anderen Kinobesucher sind völlig verblüfft, als sie sehen, wie der Schwarze Pirat Theo die Hand reicht und ihn durch die Leinwand hindurch in die Höhle zieht. Theo ist jetzt mitten im Kinofilm, umringt von sieben furchterregenden Piraten, und schaut sich ein wenig ängstlich um.

„Nun mach schon, wir haben nicht ewig Zeit! Zeig uns, wie diese Flaschenbahn funktioniert!", ruft einer.

„Flaschenzug", berichtigt Theo und nimmt vorsichtig das Seil, vier Rollen und die Haken. Daraus baut er kurzerhand einen funktionierenden Flaschenzug. Vorsichtig lässt er Seil und Haken durch den Felsspalt.

„Was hast du vor?", will der Schwarze Pirat wissen.

„Ich ziehe den Schatz heraus!", sagt Theo selbstbewusst.

„Du? Aber du bist doch viel zu klein und viel zu schwach!",
lachen die Piraten ihn aus.

Doch was sie nicht wissen: Durch den Flaschenzug benötigt
Theo viel weniger Kraft. Er kann den Schatz mühelos heben. Der
Schwarze Pirat und seine Männer sind sprachlos. Sie können
nicht glauben, was sie sehen. Der kleine Theo zieht den berühm-
ten Schatz des Käpt'n Jack Mallou ganz allein nach oben, während die starken Männer tatenlos zusehen müssen. Zum Dank
und voller Bewunderung schenken die Piraten Theo einen Teil des
Schatzes.

Und Joe, der Piratenjunge, meint anerkennend: „Du bist vielleicht
nicht so mutig und so furchtlos wie wir, dafür hast du aber super
Ideen und bist ein spitzen Baumeister!"

Auch Johannes, Nick und die anderen Zuschauer im Kino sind
begeistert und klatschen wie verrückt. Für sie ist Theo der eigent-
liche Held der Geschichte.

Irgendwann macht jedes Kind die Erfahrung, dass es Dinge gibt, die andere besser können. Besser turnen, schneller schwimmen, schöner schreiben … Dem einen Kind macht das nichts aus, weil es weiß, dass es dafür andere Stärken hat. Das andere Kind leidet sehr darunter.

Dann sind wir Erwachsenen gefragt. Wir können dem Kind zeigen, wo seine besonderen Talente liegen. Und wir können ihm durch Geschichten helfen, zu erkennen, dass es mit seinem Problem nicht allein ist, sondern dass es viele Kinder gibt, denen es ähnlich geht. Vor allem können wir ihm so deutlich machen, dass jeder Stärken und Schwächen hat.

Der traurige Feuerdrache
oder wie Luisa getröstet wird

„Emilia hat gesagt, sie ist nicht mehr meine Freundin." Dicke Tränen kullern Luisa übers Gesicht.

Mama beugt sich zu ihr hinunter und will sie trösten, doch Luisa reißt sich los und rennt in ihr Zimmer. Sie möchte allein sein. Und nie, nie mehr in den Kindergarten gehen. Das weiß sie genau.

Auf einmal hört sie ein leises Wimmern. Luisa horcht. Wo kommt das her? Von ihrem Bett? Aber außer ihren Stofftieren und ihrer Kuscheldecke ist nichts zu sehen. Aber was ist das? Unter ihrer Decke kriecht ein wuscheliges, grünes Etwas mit roten, verquollenen Augen hervor. Luisa kommt näher und bemerkt, dass es ein kleiner Feuerdrache ist, der sehr, sehr traurig aussieht. Sofort hat sie Mitleid mit ihm.

Doch bevor sie etwas sagen kann, platzt der kleine Drache los: „Hallo, ich bin Drago. Es tut mir leid, dass ich mich einfach in deinem Bett versteckt habe. Aber ich habe nach einem Ort gesucht, an dem ich mich ein wenig ausheulen kann. Und dein Bett sieht so gemütlich aus, dass ich mich einfach hineinkuscheln musste. Weißt du, heute ist mir nämlich etwas ganz Schreckliches passiert: Tjark, mein allerbester Freund, hat zu mir gesagt, dass er nicht mehr mein Freund sein will. Und das nur, weil ich nicht mit ihm spielen, sondern mir lieber eine Geschichte von Aramir anhören wollte. Weißt du, Aramir kann wunderschön erzählen,

und ich liebe es, ihm zuzuhören. Alle anderen Feuerdrachen
saßen schon gespannt um ihn herum. Nur Tjark hatte keine Lust.
Er wollte lieber mit mir Feuerwehr spielen. Aber ich wollte doch
auch die Geschichte hören." Die Augen des kleinen Drachen
füllen sich schon wieder mit Tränen.

Luisa kann noch immer nicht fassen, was hier geschieht. In ihrem
Bett sitzt tatsächlich ein jämmerlich weinender Feuerdrache, der
genau dasselbe Problem hat wie sie selbst! Sie kann einfach nicht
anders und nimmt den kleinen Drachen vorsichtig in ihren Arm
und tröstet ihn: „Tjark hat das bestimmt nicht so gemeint, dass
er nicht mehr dein Freund sein will. Er war einfach enttäuscht,
dass du nicht mit ihm spielen wolltest. Aber ich finde es okay,

wenn du das spielst, wozu du Lust hast. Das nächste Mal kannst du ihm ja sagen, dass du gerne mit ihm Feuerwehr spielst, aber zuerst die Geschichte hören möchtest. Und du wirst sehen, Tjark ist ganz bestimmt bald wieder dein Freund."

„Meinst du wirklich?", schluchzt Drago.

„Ja, ganz echt", sagt Luisa.

Da lächelt Drago wieder. „Danke Luisa!" Er drückt ihr so stürmisch einen Kuss auf die Wange, dass sie fast umfällt. Und dann fliegt er wie der Blitz davon.

Luisa bleibt allein in ihrem Zimmer zurück und ist auf einmal gar nicht mehr traurig. Erleichtert sagt sie zu sich: „Emilia hat das bestimmt auch nicht so gemeint, dass sie nicht mehr meine Freundin sein will. Wahrscheinlich war sie enttäuscht, weil ich nicht das spielen wollte, was sie wollte. Aber das nächste Mal weiß ich ja, was ich zu ihr sage."

Es gibt viele Kinder, die nicht gerne über ihre Gefühle reden und sich zurückziehen, wenn sie traurig sind. Dann ist es oft eine gute Methode, Stofftiere oder Handpuppen ins Spiel zu bringen. Vielleicht finden sich ja welche, die zufällig dasselbe Problem haben wie das Kind selbst. In der Regel kann man richtig spüren, wie dabei die Hemmschwelle fällt und das Kind sich auf einmal besser öffnen kann. Denn auf diese Weise kann es sich mit ein wenig Abstand mit seinen Sorgen beschäftigen und besser darüber sprechen – vielleicht sogar Lösungen finden. Und uns Eltern fällt es dann natürlich auch leichter, sich in das Kind hineinzuversetzen und ihm zu helfen.

Kuscheltier-Zirkus

oder wie Finja Kranksein gar nicht mehr so schlimm findet

Finja will sich gerade noch mal in ihr Kissen kuscheln, als Mama ruft: „Aufstehen, Mäuschen! Ihr geht doch heute in den Zirkus!"

„Juhu, stimmt!", freut sich Finja und setzt sich im Bett auf. Wenn doch nur der Hals nicht so schrecklich wehtun würde! Jedes Mal, wenn Finja schluckt, sticht und kratzt es ganz fürchterlich.

Mama beugt sich zu ihr hinunter: „Lass mich mal deine Stirn fühlen. Finja, ich glaube, du hast Fieber. Den Zirkus müssen wir wohl verschieben."

„Nein, ich will aber zu den Clowns und den Zauberern!" Finja wirft sich trotzig in ihr Kopfkissen und weint bitterlich.

Mama streicht ihr tröstend über die wuscheligen Haare und sagt: „Ich koche dir jetzt eine heiße Milch mit Honig, dann sehen wir weiter."

Finja weint noch immer, als sie plötzlich von etwas Flauschigem an der Wange gekitzelt wird. Es ist Manou, ihr Schmusebär. „Ich hab da eine Idee!", flüstert Manou ihr ins Ohr. „Wir veranstalten einfach selbst einen Zirkus. Nur für dich! Bin gleich wieder da."

Und schon ist er mit den anderen Stofftieren unter der Bettdecke verschwunden. Es poltert und rumpelt und klirrt. Finja schaut verdutzt. Doch auf einmal kriecht Kunigunde, das Schwein,

hervor – in einem viel zu großen Clownskostüm.
Sie verbeugt sich feierlich, dabei rutscht ihre Hose
runter. Ratsch! Und kaum ist die Hose wieder
hochgezogen, springt der Hut vom Kopf. Doing!
Schnell setzt sie ihn wieder auf, da fällt die
Clownsnase auf den Boden. Plumps!
Finja muss lachen und hat ihr Halsweh
schon fast vergessen.
Danach treten der Hase auf dem
Hochseil, ein Löwenbändiger und
zwei Jongleure auf. Am Schluss
erscheint Manou als Zauberer. Es wird dunkel im
Zimmer. Nur ein kleiner Lichtschein fällt auf Ma-
nous Zauberhut. Und auf einmal knallt es und tau-
send Funken sprühen aus dem Hut. Finja hält
die Luft an. Manou greift in den Zauberhut.
In seiner Hand hält er eine glitzernde Dose.
Er öffnet sie. Und zum Vorschein kommen
fünf winzig kleine Kügelchen.
„Das sind Zauberkügelchen", sagt Manou
geheimnisvoll. „Wenn du sie hinunter-
schluckst und dann ein bisschen schläfst,
geht es dir bald wieder besser."
Als Mama mit der heißen Honigmilch
erscheint, ist Finja bereits eingeschlafen.
Mama gibt ihr noch einen Kuss und sagt
dann leise: „Schlaf dich gesund, mein
Schatz!"

23

Ein lustiges Theaterstück mit Fingerpuppen, eine witzige Geschichte – es gibt sicher viele Möglichkeiten, Kinder während einer Krankheit aufzuheitern. Mit ein bisschen Fantasie und Kreativität fallen einem bestimmt auch andere Dinge ein, um das Kind zum Lachen zu bringen. Denn Humor ist in Krankheitszeiten besonders wichtig und hat schon so manches Wehwehchen verscheucht.

Ein Tipp: Ekelhaft schmeckende Medikamente können auch viel besser von Stofftieren verabreicht werden als von besorgten Eltern. Selbst das Fiebermessen klappt auf diese Weise manchmal völlig problemlos.

Wut verschwinde schwuppdiwupp!
oder wie Jona seine Wut einfach wegzaubert

„Lass sofort den Bagger los!", schreit Jona und trommelt mit seinen Fäusten so fest gegen Sinas Arme und ihren Bauch, dass sie umfällt und mit ihrem Kopf an die Spielzeugkiste stößt. Andrea, die Erzieherin, legt ihr schnell einen Kühlbeutel auf den Kopf. Jona, den Übeltäter, beachtet sie gar nicht.

Obwohl es ihm mittlerweile sehr leidtut, was er getan hat, ruft er: „Blöde Sina, die ist selbst dran schuld!"

Im Flur muss Jona nun auf dem großen grünen Sofa eine Auszeit nehmen und sich eine Entschuldigung für Sina überlegen. Aber Jona hat keine Lust, sich bei Sina zu entschuldigen. Nie im Leben würde er zugeben, dass er ganz genau weiß, dass er einen Fehler gemacht hat. Und schon gar nicht, dass er Sina eigentlich mag und sie am liebsten trösten würde.

Als ihn seine Mama später abholen will, boxt er sie einfach ins Bein. Zu Hause schubst er seinen kleinen Bruder Luis um, der sich gerade am Couchtisch hochziehen will. Jona kann sich heute selbst nicht leiden! Er schreit, schlägt und tritt.

Und seiner Mama platzt endgültig der Kragen: „Jona, jetzt reicht's! Du gehst jetzt sofort in dein Zimmer. Und dort bleibst du erst mal."

Schreiend stampft er die Treppe hoch. Jona weiß gar nicht, wohin mit seiner ganzen Wut. Er hat nur noch einen Gedanken im Kopf: „Niemand hat mich mehr lieb!"

Doch auf einmal, als ihm der Kopf schon ganz wehtut vor lauter Weinen, da macht es plong, und eine Fee mit hochrotem Gesicht steht direkt vor ihm. Obwohl Jona merkt, dass sie sehr freundlich aussieht, ist seine Wut noch so groß, dass er sie einfach anschreit: „Hau sofort ab!"

Die Fee aber lässt sich davon nicht beeindrucken und macht etwas ganz Erstaunliches: Sie nimmt Jona einfach in den Arm. Ohne ein Wort zu sagen, streicht sie ihm so lange durch seine wuscheligen Haare, bis sich Jona beruhigt hat. Dann sagt sie: „Was ist denn los mit dir? Erzähl doch mal!"

Jona zögert, schließlich sagt er leise: „Ich habe heute alle geärgert und jetzt finden mich alle blöd. Und ich, ich finde mich auch blöd." Jona fängt wieder an zu weinen.

„Ach Quatsch!", protestiert die Fee. „Ich finde dich nicht blöd. Und die anderen bestimmt auch nicht. Oh, da fällt mir ein, ich habe mich ja noch gar nicht vorgestellt: Ich bin Arrabiata Infuriosa Cholerica. Und ich glaube, keiner kann dich besser verstehen als ich. Als ich noch eine kleine Fee war, wurde ich schrecklich schnell wütend. Wenn du wüsstest, was ich alles angestellt habe, wenn ich so richtig wütend war!"

„Schlimmer als ich kannst du wohl kaum gewesen sein", sagt Jona leise.

„Oh, doch!", entgegnet Arrabiata. „Wenn ich ganz schrecklich wütend war, dann habe ich andere Feen einfach in Kartoffeln verwandelt und manchmal sogar in Wildschweine. Das war besonders schlimm, weil sich die verzauberten Wildschweine dann immer im Schlamm gewälzt haben. Und als ich sie wieder in Feen zurückverwandelt habe, klebte der Schlamm noch immer an den Kleidchen und den Flügelchen, sodass sie dann stundenlang nicht mehr fliegen konnten. Es hat mir danach auch immer leidgetan, aber irgendwie konnte ich mich einfach nicht entschuldigen. Und ich wusste, das kann nicht mehr so weitergehen!"

„Und was hast du dann gemacht?", will Jona wissen.

„Dann habe ich versucht, meine Wut einfach zu unterdrücken."

„Das ist eine gute Idee!"

„Nein, das war keine gute Idee", widerspricht Arrabiata. „Es ging zwar eine Weile gut, aber spätestens nach einer Stunde wurde ich vor lauter Wut erst grün, dann blau, dann lila. Dann wurde ich immer dicker und dicker und ging schließlich in die Luft. Wusch! Aber irgendwann hatte ich die Lösung. Warte mal…" Arrabiata kramt unter ihrem Feenkleid ein rotes Kissen hervor. „Das ist mein Wutkissen!"

„Dein Wutkissen?"

„Ja, genau!", sagt die Fee stolz. „Immer wenn ich wütend bin, trommle ich mit meinen Fäusten ganz fest auf das Kissen und sage meinen Zauberspruch auf."

„Welchen Zauberspruch denn?" Jona ist begeistert.

„Hokuspokus Feensupp – Wut verschwinde schwuppdiwupp!"

„Und der Zauberspruch wirkt auch?"

„Na klar! Probier ihn doch einmal aus!"

„Aber ich habe doch gar kein Wutkissen", sagt Jona ratlos.

„Wie wäre es denn mit diesem hier?" Und schon zaubert Arrabiata für Jona ein besonders schönes Wutkissen hervor.

„Danke, Arrabiata!" Jona drückt die Fee an sich.

„Halt, halt, erdrück mich nicht!", keucht sie.

Da muss Jona lachen. Und vor allem, er freut sich jetzt regelrecht auf seinen nächsten Wutanfall.

Der lässt allerdings nicht lange auf sich warten. Kurz nachdem die Fee verschwunden ist, darf Jona wieder nach unten zum Abendessen. Luis, sein kleiner Bruder, sitzt schon schmatzend auf Mamas Schoß.

„Ich will aber auf deinen Schoß", bettelt Jona.

Seine Mama, die noch immer sauer auf ihn ist, schüttelt streng den Kopf: „Nein, jetzt sitzt Luis da! Vielleicht später."

Aber das hört Jona schon nicht mehr. Langsam beginnt die Wut wieder in ihm aufzusteigen. Er wird wütender und wütender. Und gerade, als er losschreien will, erinnert er sich an die Fee. Schnell rennt er hoch in sein Zimmer, trommelt mit den Fäusten auf sein Wutkissen und ruft den Zauberspruch.

„Hokuspokus Feensupp – Wut verschwinde schwuppdiwupp!"

Und siehe da: Der Zauber wirkt! Jonas' Wut ist tatsächlich verschwunden. Verblüfft dreht er sich um.

Hinter ihm steht seine Mama. Sie hat alles beobachtet und ist so stolz auf ihren Jona, dass sie ihn ganz fest in den Arm nimmt und ihm einen Kuss auf die Wange gibt.

Manchmal verwandeln sich die süßen Kleinen von einem Moment auf den anderen in wahre Wutmonster. Die Frage, die sich dann stellt, ist: Wie bleibe ich jetzt möglichst ruhig, um meinem Kind durch seine Wut hindurchzuhelfen?

Auch wenn solche Ausbrüche nicht wirklich erfreulich sind, sollten wir dem Kind dennoch nicht beibringen, seine Wut zu unterdrücken. Wut braucht ein Ventil, um zu entweichen, sonst bricht sie an anderer Stelle wieder hervor. Daher ist es besser, dem Kind Wege zu zeigen, mit seinen Aggressionen umzugehen.

Ganz wichtig ist dabei natürlich, dass das Kind weiß, dass wir es trotz seiner Wut lieb haben. Denn manchmal merkt man richtig, dass sich wütende Kinder selbst nicht leiden können.

Oft hilft es auch, die Wutausbrüche möglichst wenig zu beachten und dem Kind, sobald es sich beruhigt hat, wieder positive Zuwendung zu schenken.

Auf jeden Fall sollten wir versuchen, die Situation mit den Augen des Kindes zu sehen, um seine Beweggründe zu verstehen und mit ihm darüber zu sprechen, wenn die Wut verraucht ist. Das Kind fühlt sich dann besser verstanden und wird mit der Zeit immer weniger Grund zu Wutausbrüchen haben.

Der magische Nein-Tag

oder wie die schlaue Sofia den Sinn des Folgens erkennt

„Sofia, ziehst du bitte deine Schuhe an,
wir müssen jetzt los!"

Mama versucht gerade, Sofias kleine
Schwester Clara zu trösten, die sich den
Finger in der Schublade eingeklemmt
hat.

„Nein!", sagt Sofia kurz und zieht ihrer
Puppe ein anderes Kleid an.

„Sofia, zieh dir bitte die Schuhe jetzt
an!", sagt Mama ein wenig strenger.

„Nein! Keine Lust!"

„Na gut", meint Mama. „Dann kommst du eben ohne Schuhe
mit." Sie trägt die noch immer weinende Clara zum Auto.

Sofia spielt weiterhin in aller Seelenruhe mit ihrer Puppe, ohne
die Schuhe anzuziehen. Sie möchte ja sowieso nicht zu Tante
Michaela. Wieso sollte sie sich dann beeilen?

Wütend kommt Mama zurück. „Du bist ja immer noch nicht
fertig!"

„Nein. Ich möchte mit meiner Puppe spielen!"

Da bleibt Mama nichts anderes übrig, als Sofia ebenfalls zum
Auto zu tragen. Ohne Schuhe. Und ebenfalls brüllend. Mama ist
stinksauer. Sofias widerspenstige Art geht ihr heute mächtig auf

die Nerven. Den ganzen Tag schon sagt Sofia immer nur: „Nein!"
Einfach so. Nein, nein, nein, nein.

Mama hat ihre Schwester Michaela schon lange nicht mehr
gesehen und freut sich seit Tagen auf den Besuch! Aber jetzt ist
ihr fast die Lust vergangen. Denn auch bei Michaela verhält sich
Sofia so bockig. Sie ärgert ihre Schwester, isst mit den Fingern,
wühlt in Michaelas Schubladen. Immer wieder bittet Mama sie
aufzuhören. Und immer wieder sagt Sofia: „Nein!"

Als sie gerade gehen wollen, rennt Sofia über die Straße, weil sie
eine Katze auf der anderen Seite gesehen hat. Mama ruft noch:
„Stopp!" Aber da Sofia schon den ganzen Tag nicht auf ihre
Mama hört, rennt sie einfach weiter. Direkt in einen Radfahrer

hinein. Der kann den Lenker gerade noch herumreißen. Beide kommen mit einem Schrecken davon. Da hat Sofia noch einmal Glück gehabt.

Doch Mama reicht es! „So kann es nicht weitergehen!", sagt sie.

Am nächsten Morgen finden Sofia und Mama eine seltsame rote Samtschachtel auf dem Esstisch.

„Wie kommt denn diese Schachtel hierher?" Mama schaut Sofia fragend an.

Doch die hat keine Ahnung. „Ich weiß nicht", sagt sie.

„Was ist denn drin?"

Vorsichtig hebt Mama den Deckel der Schachtel hoch und hält den Atem an: Im Innern befindet sich eine schimmernde, perlmuttfarbene Tafel. Und über dieser rätselhaften Tafel tanzen unzählige leuchtende Buchstaben umher.

Wie durch Zauberhand fügen sich die Buchstaben plötzlich zu Worten zusammen und legen sich auf die Tafel. Mama liest leise durch, was dort steht.

„Das ist eine Spielanleitung", verkündet sie schließlich verwundert. „Das Spiel heißt: ‚Der magische Nein-Tag'. Und so geht es: Für jedes Nein, das ich von dir bekomme, bekommst du ein Nein von mir. Wenn ich dich also zum Beispiel bitte, die Jacke anzuziehen, und du sagst Nein, dann sage ich auch Nein, wenn du mich um etwas bittest."

„Und dann?", will Sofia wissen.

„Ich weiß nicht genau", sagt Mama. „Aber in der Anleitung steht, dass das Nein im Laufe des Spiels in magischer Weise in ein Ja verwandelt wird. Sollen wir es einfach mal ausprobieren?"

„Von mir aus", sagt Sofia und nimmt sich gleich fest vor, heute möglichst wenig Nein zu sagen. Leider will es ihr nicht so recht gelingen. Als Mama sie bittet, ihre Spielsachen wegzuräumen, reagiert sie erst gar nicht.

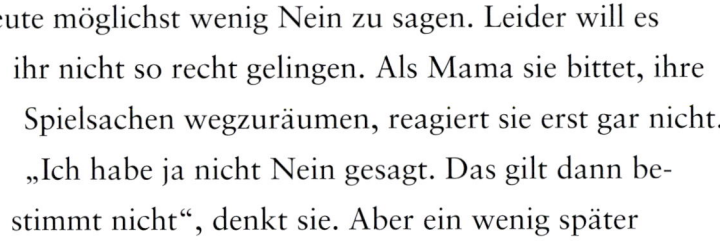

„Ich habe ja nicht Nein gesagt. Das gilt dann bestimmt nicht", denkt sie. Aber ein wenig später reagiert auch Mama dummerweise nicht, als sich Sofia von ihr eine Kette ausleihen will. Normalerweise darf sich Sofia immer Ketten und Ringe von Mama ausleihen, wenn sie damit vorsichtig umgeht. Aber diesmal nicht. Sogar auf Sofias Bitten und Betteln reagiert sie nicht. Nicht einmal auf ihr Weinen. „Blödes Spiel!", denkt Sophia. „Beim nächsten Mal sage ich wieder Nein! Bätsch."

„Sofia, sei so lieb und wasch dir die Hände, es gibt Mittagessen", ruft Mama in diesem Augenblick aus der Küche.

„Neiiiiiiin!", ruft Sofia zurück. „Ich habe sowieso keinen Hunger." Demonstrativ geht sie in ihr Zimmer und hört sich ihre Lieblings-CD von der widerspenstigen Hexe an. Manchmal darf sie auch an Mamas Computer. Es gibt da eine Seite mit lustigen Liedern von der widerspenstigen Hexe. Darauf hätte sie jetzt Lust! Sofia läuft ins Esszimmer, wo Mama und Clara gerade essen.

„Mama, darf ich ein bisschen an deinem Computer spielen?" Mama schaut Sofia an: „Was denkst du denn, was ich jetzt sage?"

„Nein", sagt Sofia geknickt.

„Genau: Nein!", sagt Mama.

Schlecht gelaunt geht Sofia wieder in ihr Zimmer zurück. Dieses Spiel gefällt ihr immer weniger. Aber sie begreift langsam, wie es ist, wenn der andere immer Nein sagt.

Nach Claras Mittagsschläfchen will Mama mit den beiden einkaufen gehen. Wieder bittet sie Sofia, ihre Schuhe anzuziehen. Wieder reagiert Sofia nicht.

„Ist das ein Nein?", fragt Mama vorsichtig.

Sofia überlegt. Immer wenn sie Nein sagt, hat sie nur Nachteile. Schlauer wäre es ja, wenn sie jetzt einfach sagen würde: „Ja, ich ziehe meine Schuhe an!" Und Sofia ist ein schlaues Mädchen. Also macht sie das, was alle schlauen Kinder jetzt machen würden: sich die Schuhe anziehen. Und dann hat Sofia noch eine Idee: „Mama", sagt sie. „Wie wäre es denn, wenn wir jetzt spielen, dass heute ein magischer Ja-Tag ist?" Da muss Mama lachen und nimmt Sofia fest in den Arm.

„Ich hab dich lieb", sagt sie dann. „Und ich bin stolz auf dich, dass du dieses Spiel so schnell verstanden hast."

Für Spiele kann man alle Kinder schnell begeistern. In der Regel sind sie für jeden Spaß zu haben und geben ganz schnell ihre Widerspenstigkeit auf, wenn man alltägliche Dinge spielerisch angeht. Ein Beispiel: „Wenn du es schaffst, dich anzuziehen, bevor der große Zeiger auf der 9 ist, dann hast du gewonnen." Und man wird staunen, wie gut alles auf einmal funktioniert.

Das geht natürlich nicht immer. Nicht immer hat man die Zeit oder auch die Nerven, aus allem ein Spiel zu machen. Aber je häufiger manche Tätigkeiten spielerisch erledigt werden, desto einfacher gehen sie von der Hand, wenn man einmal keine Zeit für Ablenkungen hat.

Das Geheimnis des Wassermanns

oder wie Mattis versucht, sich in andere hineinzuversetzen

„Heute ist ein doofer Tag!", denkt Mattis. „Alle sind gemein zu mir. Weder mein Freund Felix noch mein kleiner Bruder Liam wollen mit mir spielen."

Mattis legt sich aufs Bett und schmollt. Er fühlt sich ungerecht behandelt.

Dabei hat er sich so auf den Urlaub am Meer gefreut! Und auf den Strand. Es gibt dort ganz viele Muscheln! Und gestern haben Felix und er sogar eine geheime Höhle entdeckt. Aber jetzt macht ihm gar nichts mehr Spaß.

„Mattis!", ruft Mama. „Du musst jetzt los! Dein Schnorchelkurs fängt gleich an."

Widerwillig geht Mattis zu seinem Kurs. Er hat überhaupt keine Lust!

Aber schon nach einer Weile ist er von der Unterwasserwelt komplett fasziniert. Gerade beobachtet er einen bunten Fischschwarm, der direkt auf ihn zu schwimmt. Und mitten in diesem Schwarm entdeckt er etwas Seltsames: ein grünes Wesen mit wallenden Haaren, einem grünen Bart und grünen Fischzähnen. In der Hand hält es einen Dreizack.

„Das muss ein Wassermann sein!", denkt Mattis und erschrickt. Schnell will er wegschwimmen. Doch da sieht er, wie der Wassermann ihm freundlich zuwinkt. Er möchte, dass Mattis ihm folgt. Nun wird Mattis doch neugierig und schwimmt hinter ihm her, immer tiefer und tiefer ins Meer hinein. Vorbei an leuchtend bunten Fischen und mitten durch einen Schwarm Seepferdchen hindurch. Wunderschön ist es unter Wasser! Mattis versucht, einen Clownfisch mit seiner Hand zu berühren, aber es gelingt ihm nicht.

Dann gelangen sie zu einer versunkenen Stadt mit prächtigen Palästen, hohen Türmen und glitzernden Dächern.

„Träume ich?", denkt Mattis und blickt sich staunend um. Seltsamerweise fällt ihm das Atmen gar nicht schwer, obwohl er sich tief unten auf dem Meeresboden befindet. Mattis sieht, wie der Wassermann zu einer goldenen Truhe schwimmt und sie öffnet. In der Truhe blitzt und funkelt es. Der Wassermann scheint nach etwas Bestimmtem zu suchen. Schließlich holt er eine schimmernde, perlmuttfarbene Muschel hervor und setzt sich neben Mattis auf einen Stein.

„Ich habe dich beobachtet", sagt der Wassermann zu Mattis. „Du bist ein bisschen traurig, stimmt's?"

Mattis nickt. „Ja, heute sind alle gemein zu mir. Keiner mag mit mir spielen."

„Was denkst du denn, woran das liegt?", fragt der Wassermann.

Mattis überlegt. „Das weiß ich nicht", sagt er dann.

„Vielleicht kann ich dir helfen", sagt der Wassermann geheimnisvoll.

„Schau mal, was ich hier habe: Das ist eine Zaubermuschel. Mit dieser Zaubermuschel kannst du die Gedanken der anderen hören. Am besten suchst du dir dazu einen ruhigen Platz und hältst dir dort die Muschel ans Ohr. Erst wirst du nur das Meeresrauschen hören, aber dann, wenn du ganz still geworden bist, dann kannst du die Gedanken der anderen hören. Und vielleicht findest du so heraus, weshalb sie sich so verhalten."

„Darf ich die Zaubermuschel etwa behalten?", fragt Mattis begeistert.

Der Wassermann lächelt. „Die darfst du behalten, wenn du möchtest!"

Und ob Mattis die Muschel behalten will! Er bedankt sich stürmisch beim Wassermann und schwimmt überglücklich zurück. Als er am Strand ankommt, ist der Schnorchelkurs gerade zu Ende. Niemand hat bemerkt, dass Mattis zwischenzeitlich verschwunden war. Ein Glück!

Schnell gibt er die Schnorchelausrüstung zurück und läuft über den Sand zum Ferienhäuschen. Er möchte gleich seine Zaubermuschel ausprobieren. In seinem Zimmer sucht er sich ein gemütliches Plätzchen. Dann denkt er an den Streit mit seinem kleinen Bruder. Wie Liam wegen jeder Kleinigkeit angefangen hatte zu weinen. Felix und er konnten gar nicht richtig spielen.

Mattis hält sich die Zaubermuschel ans Ohr. Zuerst hört er nur ein Rauschen, genau wie der Wassermann es gesagt hat. Es klingt wie Wellen, die langsam am Strand auslaufen. Mattis lauscht weiter dem Geräusch. Bis er auf einmal Liams Stimme hört: „Ich bin kein Baby!"

Der Wassermann hatte recht! Mattis kann tatsächlich Liams Gedanken hören: „Wieso behandelt mich Mattis so? Wieso sagt er ‚Baby' zu mir? Ich möchte doch so gerne mitspielen. Ich glaube, Mattis mag mich gar nicht mehr."

Und auf einmal spürt Mattis sogar, wie Liam immer trauriger wird und schließlich anfängt zu weinen.

„Aber ich habe Liam doch lieb", denkt Mattis. „Nur weil ich einmal mit Felix alleine spielen möchte, heißt das doch nicht, dass ich meinen Bruder nicht mehr mag. Ich glaube, das muss ich ihm mal sagen."

Langsam beginnt Mattis zu verstehen, weshalb sein Bruder sich so verhalten hat.

Dann denkt Mattis an gestern, als Felix bei ihm zu Besuch war. Sie haben mit der Ritterburg gespielt. Es war klasse! Bis Felix irgendwann aufgestanden und gegangen ist. Er sagte noch: „Ich habe keine Lust mehr, mit dir zu spielen. Und morgen auch nicht. Nie wieder!" Dann ist er verschwunden. Und Mattis wusste überhaupt nicht warum. Vielleicht kann ihm ja die Zaubermuschel weiterhelfen ...

Er hält sie ans Ohr und lauscht. Wieder hört er erst nur das Rauschen und dann, nach einer Weile, Felix' Gedanken: „Immer möchte Mattis bestimmen! Ich möchte aber auch mal entscheiden, was wir spielen. Eigentlich spiele ich ja gerne mit ihm, aber so macht es mir keinen Spaß!"

Mattis ist verblüfft. Das hat er gar nicht gemerkt, dass er immer bestimmt. Er beschließt, sich bei Felix zu entschuldigen und ihn das nächste Mal auch entscheiden zu lassen. Felix ist doch sein Freund!

„Diese Zaubermuschel ist prima!", denkt Mattis. „Wenn ich die anderen besser verstehen kann, gibt es bestimmt auch weniger Streit!"

Wer sich schon einmal eine große Muschel ans Ohr gehalten hat, weiß, dass sich das Geräusch tatsächlich anhört wie fernes Meeresrauschen. Mit ein wenig Fantasie kann man sich durchaus vorstellen, in dem Meeresrauschen die Gedanken der anderen zu hören. Dieses Ritual mit der „Zaubermuschel" kann Kindern helfen, sich in andere hineinzuversetzen: einfach in einer Kuschelecke eine gemütliche Atmosphäre schaffen, sich dazusetzen, an der „Zaubermuschel" lauschen und kleine Hilfestellungen geben. Manchmal reichen schon kleine Impulse, und die Kinder sind in der Lage, Dinge in einem anderen Licht zu sehen.

Lasse kann besser Rad fahren

oder wie Peer lernt, mit seiner Eifersucht umzugehen

„Peer Arne, lass sofort deinen kleinen Bruder in Ruhe!", sagt Papa streng.

Doch – zu spät!

Schon liegt Lasse schreiend am Boden.

„Der Peer hat mich vom Fahrrad geschubst und jetzt habe ich mir wehgetan!", schluchzt dieser.

Papa nimmt Lasse auf den Arm und tröstet ihn.

„Geht es wieder besser?", fragt Papa nach einer Weile.

„Ja", murmelt Lasse noch ein wenig weinerlich und wischt sich die Tränen aus dem Gesicht.

„Peer, so geht das nicht mehr weiter! Nur weil du noch nicht Fahrrad fahren kannst, ist das noch lange kein Grund, Lasse wehzutun. Er hat dir doch gar nichts getan!", schimpft Papa.

Peer hält sich die Ohren zu. Er kann es nicht mehr hören. Er weiß selbst, dass es nicht richtig ist, Lasse zu ärgern. Eigentlich hat er Lasse auch gern. Er ist ja sein Bruder. Aber manchmal kann er einfach nicht anders. Er weiß selbst nicht wieso.

Und außerdem ist es unfair: Sein kleiner Bruder kann schon Fahrrad fahren und er noch nicht. Dabei ist Lasse doch ein Jahr jünger als er!

„Lasse ist blöd!", schreit Peer und rennt ins Haus. Ohne ein Wort
zu sagen, stürmt er an Mama vorbei ins Wohnzimmer. Er holt
Sammy, sein rotes ferngesteuertes Auto, und lässt es durch die
Räume flitzen. Ups! Fast wäre es an Mamas Bein geknallt. Mama
kann sich gerade noch einmal in die Küche retten.
Peer lenkt sein geliebtes Auto nach rechts, nach links, um den
Tisch herum, unter dem Schrank hindurch. Na, was ist jetzt los?
Die Steuerung lässt sich nicht mehr bewegen. Sammy macht auf
einmal von alleine kehrt und fährt geradewegs lustig hupend und
blinkend auf Peer zu. Direkt vor seinen Füßen kommt er zum
Stehen.
Mit seinen Scheinwerferaugen schaut er Peer lange an: „Setz
dich mal zu mir", sagt Sammy dann. „Du hast dich geärgert,
stimmt's?"
Wieder schaut er Peer direkt an und blinkt erwartungsvoll.

„Kleine Brüder sind blöd! Immer bekommen sie recht, werden bevorzugt und machen alles besser", sagt Peer geknickt, nachdem er seine erste Überraschung überwunden hat.

„Bist du sauer, weil Lasse schon Fahrrad fahren kann?"

Peer nickt. „Und außerdem kann Lasse schon vor mir seinen Namen schreiben! Alles kann er früher als ich und alles besser!"

„Kann es sein, dass du da ein bisschen übertreibst?", will Sammy wissen.

„Ja, kann sein", murmelt Peer nun verlegen. „Eigentlich ist Lasse ja auch ein toller kleiner Bruder. Ich bin auch stolz auf ihn. Er kann wirklich schon sehr viel."

„Und weißt du auch wieso?", fragt Sammy.

Peer schüttelt den Kopf.

„Na wegen dir! Du hast ihm sehr viel beigebracht. Auch ohne dass du es bemerkt hast. Er hat viel von dir abgeschaut und von dir gelernt. Du kannst auch mächtig stolz auf dich sein!"

Peer überlegt: „Fahrrad fahren aber nicht. Das hat er von ganz alleine gelernt. Ich kann das ja noch gar nicht richtig."

Wieder wird er ein wenig wütend und auch traurig.

„Dafür kannst du schon pfeifen!", entgegnet Sammy.

„Ja, das kann ich", sagt Peer stolz. „Und tauchen und vom Beckenrand ins Wasser springen!"

„Siehst du!", lacht Sammy. „Du darfst nicht immer vergleichen: Du bist du. Es kommt darauf an, dass du das, was du machst, so gut machst, wie du kannst. Nichts anderes ist wichtig. Jeder hat eben andere Talente. Und das ist auch gut so."

„Stimmt, Sammy!"

Peer denkt noch lange nach über das, was Sammy ihm gesagt hat.

Vor dem Schlafengehen setzt sich Papa noch einmal zu Peer ans Bett.

Anscheinend hat Sammy auch mit Papa gesprochen, denn er sagt: „Ich weiß, dass du sauer bist, dass Lasse das Fahrradfahren so schnell gelernt hat. Aber du darfst nicht den Fehler machen, nur nach anderen zu schauen. Das ist für dich doch unwichtig. Denk mal nach. Vor drei Tagen konntest du noch nicht ohne Stützräder fahren. Und jetzt schaffst du es schon von unserer Haustür bis zur Garage. Du hast dich enorm verbessert. Darauf kommt es an! Und du kannst super Fußball spielen. Du kannst so viele Dinge. Ich bin wirklich stolz auf dich!"

Peer nimmt Papa fest in den Arm. „Ich hab dich lieb!"

„Ich dich auch, Peer!", sagt Papa und gibt ihm einen Gutenachtkuss.

„Irgendwie haben Papa und Sammy recht", denkt Peer. „Es ist Quatsch, auf Lasse eifersüchtig zu sein. Ich kann wirklich viel. Und wenn ich etwas noch nicht kann, dann lerne ich es eben. Ganz einfach!"

Geschwisterrivalität ist ein weites Feld. Sie zeigt sich in verschiedensten Ausprägungen – mal offensichtlicher, mal versteckter.

Und oft streiten Geschwister, weil sie miteinander konkurrieren, weil verglichen wird: „Ich kann das schon besser. Ich bin ja viel schneller. Der wird immer bevorzugt…"

Dann sollten wir den Kindern schnell den Wind aus den Segeln nehmen und ihnen zeigen: „Du bist du. Wir haben dich lieb, genau so, wie du bist. Und du hast allen Grund, stolz auf dich zu sein."

Auch wenn die Eifersucht nicht vollkommen verschwindet (vielleicht muss sie es auch gar nicht ganz, denn als Ansporn kann sie durchaus nützlich sein), wird sie abnehmen, wenn wir uns mit Vergleichen zurückhalten und stattdessen das Selbstbewusstsein der Kinder stärken. Das ist natürlich leichter gesagt als getan und trägt wahrscheinlich nicht sofort Früchte. Aber vielleicht mit der Zeit!

„Schmeckt nicht!“

oder wie Leni Bekanntschaft mit Karotten-Raketen und Zauber-Brokkoli macht

„Schmeckt nicht. Bäh!“ Mit einem Ruck schiebt Leni ihren Teller weg. Er stößt klirrend gegen ihr Wasserglas.

„Jetzt probier doch wenigstens mal! Das sind ganz leckere Karotten. Bio-Karotten.“ Oma schaut Leni erwartungsvoll an.

Doch die verzieht nur ihr Gesicht. „Ich mag keine Karotten. Ich will Pommes!“

Aber Oma gibt noch nicht auf. Sie pickt mit Lenis Gabel eine Kartoffel auf und hält sie ihr vor den Mund. „Schau mal, die schmecken fast wie Pommes.“

„Nein, ich mag nicht!“, ruft Leni und steht auf. „Außerdem bin ich sowieso satt!“

Oma seufzt und gibt auf. „Es gibt dann aber nur noch Obst. Ich kann erst heute Abend wieder ein richtiges Essen machen."

„Weiß ich", ruft Leni und stürmt schon die Treppe hoch in ihr Zimmer, um sich ihre neue CD „Suzas Reise zum Mars" anzuhören.

Als Lenis Mama später nach Hause kommt, überlegen die beiden, wie sie Leni davon überzeugen können, auch noch etwas anderes zu essen als Nudeln, Pommes und Süßigkeiten.

„Leni kann einfach noch nicht verstehen, wie wichtig Obst und Gemüse für sie sind, damit sie gesund und fit bleibt", sagt Oma nachdenklich.

„Nein, dafür ist sie noch zu klein." Mama überlegt eine Weile. „Ich habe eine Idee!", sagt sie plötzlich und steigt die Treppe hoch ins Lenis Zimmer. „Wir machen jetzt einen tollen Ausflug. Auf einen Bauernhof. Hast du Lust?"

„Oh ja!", ruft Leni begeistert. Schnell zieht sie sich Jacke und Schuhe an und wartet startbereit an der Tür. Oma setzt ihr noch einen Fahrradhelm auf und dann geht es los.

Über die Felder radeln die drei bis zu einem nahe gelegenen Bauernhof. Am Hoftor läuft ihnen schon schwanzwedelnd ein süßer Labrador entgegen.

„Das ist Luna. Die kannst du gerne streicheln", sagt die Bäuerin lächelnd.

Das lässt sich Leni natürlich nicht zweimal sagen. Sie liebt Hunde! Vorsichtig krault sie Lunas Nacken. Der Hund würde ihr aus Dankbarkeit am liebsten das Gesicht abschlecken.

Doch es gibt noch mehr zu entdecken: Im Hof scheucht der Hahn
gerade die gackernden Hühner vor sich her. Auf der Wiese sonnt
sich Katze Paula, während ihre Babys versuchen, einem Schmet-
terling nachzujagen. Und im Stall darf Leni sogar die Kühe mit
ein wenig Heu füttern. Danach schaut sie zu, wie sie mit einer
riesigen Melkmaschine gemolken werden. Die frische Milch
schmeckt ein wenig ungewohnt, aber eigentlich sehr gut, und sie
ist noch warm.
Neben den Kuhställen entdeckt Leni einen kleinen Hofladen,
den sie neugierig betritt. Dort duftet es wunderbar nach frischen
Äpfeln und Erdbeeren – und auch nach vielem anderen, das Leni
noch nicht kennt. Sie schaut sich aufmerksam um. Mittlerweile
sind auch Oma und Mama in den Laden gekommen.
„Wenn du willst", sagt Mama „darfst du heute entscheiden, was
wir kaufen."
Auf einem Tablett hat die Bäuerin Landgurken, Paprika und
Kirschtomaten ausgelegt. Leni darf davon naschen. Hm, lecker!

Nachdem sich Leni alles angeschaut und das ein oder andere probiert hat, entscheidet sie sich für Walderdbeeren, lila Karotten, Brokkoli und grüne Tortellini.

Die Bäuerin legt alles in Mamas Korb. Plötzlich meint Leni, dort ein seltsames Zischen zu hören. Da! Die Karotten flitzen wie kleine Raketen im Korb hin und her.

„Komisch", denkt Leni. „Ob das von den vielen Vitaminen kommt, die da angeblich drin sind?"

Zu Hause angekommen hat Leni einen Bärenhunger. Sie ist riesig gespannt, wie die Zutaten schmecken, die sie sich ausgesucht hat. Schnell zieht sie ihre Küchenschürze an. Sie möchte unbedingt bei der Zubereitung helfen.

Oma zeigt ihr, wie man Karotten schält, Brokkoli putzt und die Erdbeeren so wäscht, dass sie auch danach noch ganz süß schmecken. Das muss Leni zugeben, als sie sich nach dem Waschen eine stibitzt.

Während Mama das frische Gemüse dünstet, verschwinden Oma und Leni schnell im Kräutergarten und suchen passende Kräuter aus. Leni darf anschließend noch die Soße abschmecken, und schon ist das Essen fertig.

„Vielen Dank für deine tolle Hilfe!", sagt Mama stolz. „Wir haben heute ein ganz besonderes Essen gezaubert. Du hörst doch so gerne deine CD ‚Suzas Reise zum Mars'. Da dachte ich, wir kochen heute ein Weltraumgericht für dich."

Und tatsächlich. Als Leni auf den Esstisch schaut, traut sie ihren Augen kaum. Über den Tellern schweben winzig kleine Ufos, die ein wenig an grüne Tortellini erinnern. Und was ist das? Da landen auf einmal riesige Zauber-Brokkoli vom Mars auf Lenis Teller.

„Na warte", denkt Leni da. „Euch setze ich gleich auf meine Karotten-Raketen, fliege eine Runde durchs All und dann esse ich euch ratzeputz auf."

Besonders bei Kindern, die schon von Natur aus wenig essen, ist es manchmal eine echte Herausforderung, sie für etwas Gesundes zu begeistern. Doch mit ein paar Tricks kann man es schaffen, Kinder für gesundes Essen zu gewinnen. Es muss nicht unbedingt ein Ausflug auf einen Bauernhof sein. Aber vielleicht weckt ja ein ansprechender Gemüseladen oder der Besuch auf dem Wochenmarkt ein wenig das Interesse der Kinder. Dort sorgen zahlreiche Eindrücke, neue Gerüche und meist auch kleine Kostproben dafür, dass der Abstecher zu einem Ereignis wird. Hilfreich ist es natürlich auch, wenn sich das Kind das Obst oder Gemüse selbst aussuchen darf.

Die meisten Kinder haben eine Phase, in der sie gerne im Haushalt helfen. Was spricht also dagegen, sie beim Zubereiten mitmachen zu lassen? Für jedes Alter lassen sich passende Möglichkeiten finden.

Aber es lassen sich noch viele andere Dinge finden, die das Essen spannender machen, zum Beispiel Fantasienamen für die Gerichte: Piratenratatouille, Prinzessinnencreme, Zaubersoße und so weiter.

Was bei Kindern auch immer gut ankommt, ist stern- oder herzförmiges Obst und Gemüse. Dafür einfach Ausstechförmchen für Plätzchen verwenden – fertig!

Schnupps, der Kuschelhase

oder wie Tom sein Problem ganz alleine löst

„Guten Morgen, mein Schatz!" Mama gibt Tom einen Kuss auf die Wange. Aber Tom mag nicht aufstehen. Er mag auch nicht frühstücken. Am liebsten würde er den ganzen Tag im Bett liegen bleiben.

„Tom! Nicht wieder einschlafen. Du musst aufstehen. Wir sind schon spät dran."

„Ich habe aber Bauchweh. Ich kann heute nicht in die Schule gehen", quengelt Tom.

„Nein, das geht nicht", sagt Mama. „Du kannst nicht einfach zu Hause bleiben. Steh bitte auf."

Widerwillig rollt Tom sich aus dem Bett. Er frühstückt, zieht sich an und fährt mit dem Fahrrad los. Schneckenlangsam.

Nach der Schule will Tom nichts essen. Er geht gleich in sein Zimmer und spielt mit seiner Modelleisenbahn.

Mama folgt ihm. „Möchtest du wirklich nichts essen?", fragt sie verwundert.

„Nein, ich hab keinen Hunger."

„Tom, was hast du denn?"

„Nichts!"

„Aber ich merke doch, dass du etwas hast."

Tom ist genervt: „Nein, ich hab nichts!"

Mama gibt auf und geht langsam ins Wohnzimmer zurück. Sie macht sich Sorgen und auch ein wenig Vorwürfe.

„Ich hätte heute Morgen mit ihm sprechen und ihn fragen sollen, weshalb er nicht in die Schule möchte", denkt Mama.

Aber jetzt mag Tom nicht mehr reden, jetzt möchte er mit seiner Modelleisenbahn spielen. Er stellt Weichen, setzt Signale und beobachtet, wie die Züge aneinander vorbeirauschen. Gerade fährt die grüne Dampflok in den großen Tunnel ein. Man hört noch ein Rumms-Kra-Bumm und dann ist Stille.

Tom erschrickt. Was ist da passiert? Er leuchtet mit seiner Taschenlampe in den Tunnel. Aber er kann nichts erkennen.

Dafür hört er hinter sich ein zaghaftes Fluchen: „Verflitcht noch mal. Das gibt'ch doch nich!"

Tom dreht sich um. Hinter ihm steht Schnupps, sein Kuschelhase, und macht ein ziemlich ratloses Gesicht.

„Hallo Schnupps", sagt Tom verwundert. „Ich wusste gar nicht, dass du sprechen kannst."

55

„Natürlich kann ich chprechen, wach hacht denn du gedacht?", sagt Schnupps verwirrt und wühlt in Toms Sockenschublade. Bald liegen alle Socken kreuz und quer über den Fußboden verstreut. Als Schnupps in die Schublade mit den Sporthosen steigen will, kann Tom ihn gerade noch stoppen.

„Was ist denn los? Wieso machst du denn ein solches Durcheinander?"

„Na, ich chuche mein Schnuffeltuch! Ich bin heute ganch traurig und da brauche ich mein Schnuffeltuch. Das icht doch klar!"

„Und dann?", will Tom wissen.

„Na, dann ertchähle ich meinem Schnuffeltuch, wiecho ich traurig bin und dann geht'ch mir wieder becher."

„Du sprichst mit deinem Schnuffeltuch?"

„Ja, natürlich! Macht du dach etwa nicht cho?"

„Nein, aber ich habe auch gar kein Schnuffeltuch mehr."

„Aber du hacht mich! Wenn du chehr traurig bicht, dann kanncht du ech ja mir ertchählen." Schnupps schaut ihn erwartungsvoll an. Tom schweigt.

„Und wenn ich dich cho anchaue, finde ich, dach du wirklich ein bichchen traurig auchiehcht."

Tom überlegt: „Ja, kann sein."

„Magcht du'ch mir ertchählen?"

„Ja", sagt Tom leise. „Weißt du, Max ist mein bester Freund. Ich mag ihn sehr. Aber gestern hat er mich einen Feigling genannt, nur weil ich nicht von der hohen Schulmauer runtergesprungen bin."

„Und dach hat dich geärgert?"

„Ja, sehr sogar, ich bin doch kein Feigling!"

„Hacht du ihm dach auch gechagt?", fragt Schnupps.

„Nein, ich bin einfach weggelaufen. Und später habe ich ihm heimlich einen Stock in die Fahrradspeichen gesteckt. Max wollte dann losfahren und ist vom Fahrrad gestürzt. Er hat sich den Fuß verstaucht. So sehr, dass er jetzt beim Fußballturnier nicht mitspielen kann."

„Und jetcht tut ech dir leid, stimmt'ch?"

Tom nickt. „Ich wollte ihm doch nicht wehtun. Ich wollte ihn nur ein bisschen ärgern."

„Hacht du dich dann bei ihm entchuldigt?"

„Nein, er weiß doch gar nicht, dass ich ihm den Stock in die Speichen gesteckt habe."

„Und jetcht trauchst du dich nicht, ech ihm tchu chagen."

Tom nickt wieder. „Eigentlich möchte ich es ihm sagen und mich auch entschuldigen."

„Hacht du eine Idee, wie du dach tun könntecht?"

„Vielleicht", sagt Tom leise. „Max wünscht sich

schon ganz lange ein Bahnhofshäuschen für seine Eisenbahn. Ich könnte ihm meins schenken und ihm dabei alles erzählen. Wieso ich so wütend war und dass es mir leidtut, was ich getan habe."

Schnupps hüpft begeistert auf und ab. „Dach icht aber eine chuper Idee, finde ich."

„Meinst du?"

„Ja, dach meine ich!"

Tom drückt Schnupps an sich. „Danke, dass du mir geholfen hast!"

„Aber dach habe ich doch gar nicht! Ich hab dir nur tchugehört. Dach war allech deine Idee!"

„Trotzdem, danke!"

„Vielleicht kanncht du mir aber helfen, mein Schnuffeltuch zu finden?" Voller Hoffnung schaut Schnupps Tom an.

„Ja, da kann ich dir wirklich helfen. Ich weiß zwar nicht, wie es da hingekommen ist. Aber ich glaube, ich weiß, wo es ist. Im Tunnel von meiner Modelleisenbahn."

Kaum hat Tom ausgesprochen, sieht er, wie Schnupps mit einem Satz auf seine Modelleisenbahn hüpft und sich in den Tunneleingang quetscht. Nur das Stummelschwänzchen ist noch zu erkennen. „Äh, dach icht aber eng! Da hinten – ich cheh ech!"

Schnupps krabbelt wieder rückwärts aus dem Tunnel heraus und drückt sein Schnuffeltuch fest an sich. „Endlich hab ich ech wieder! Und für dich habe ich deine Dampflok mitgebracht! Jetcht kanncht du weiter mit deiner Modelleichenbahn chpielen."

Vielleicht kennen Sie das auch: Man zerbricht sich den Kopf darüber, wie man dem Kind in einer bestimmten Situation helfen kann, und kommt gar nicht auf die Idee, das Kind selbst nach Lösungen suchen zu lassen. Dabei ist es wirklich wichtig, dass man sich mal zurücknimmt und dem Kind zutraut, manche Situationen auszuhalten und selbst Lösungen zu finden. Mit einigen Hilfestellungen kann man Kinder gut dabei unterstützen. Zum Beispiel mit Stofftieren, die lustig, tollpatschig oder besonders ängstlich sind und die den ersten Anstoß geben. Es ist verblüffend, wie viele gute Ideen Kinder entwickeln, wenn man ihnen zutraut, schwierige Situationen alleine zu lösen.

Die Zauber-Wasch-Formel

oder wie Fabian seine Widerspenstigkeit aufgibt

Fabian sitzt auf dem Teppichboden und spielt seelenruhig mit seiner Ritterburg. Eigentlich sollte er schon längst im Badezimmer sein und sich die Zähne putzen. Und eigentlich hat ihn Papa auch schon mindestens 17 Mal dazu aufgefordert. Erst freundlich und geduldig, dann immer weniger freundlich und geduldig. Aber Fabian stellt sich taub. Er will nämlich nicht. Er will noch mit seiner Ritterburg spielen. Basta! Da geschieht plötzlich etwas Merkwürdiges.

„Fabian, komm mal schnell her!", ruft eine seltsame Stimme aus dem Badezimmer. Fabian schreckt hoch. Wer war das? Diese Stimme hat er noch nie in seinem Leben gehört. Was macht dieser Fremde in seinem Bad und was will er von ihm?

Nun lässt er sein Spielzeug doch liegen und läuft neugierig ins Badezimmer. Doch was er da sieht, kann er kaum glauben: Auf dem rechten Rand des Waschbeckens sitzt Fabians Waschlappen und singt aus vollem Halse ein grauenhaftes Lied: „Schubidubidu."

Übertroffen wird dieser fürchterliche Gesang nur noch von dem Krächzen der Zahnbürste, die auf dem anderen Waschbecken-

rand steht und nun auch noch wild zu tanzen anfängt: „Aramsamsam, aramsamsam…"

„Aufhören, sofort aufhören!", ruft Fabian und hält sich die
Ohren zu. „Euer Gekreische hält ja kein Mensch aus, das ist ja
schrecklich!"

„Siehst du", krakeelt die Zahnbürste angriffslustig. „Ich habe ja
gleich gesagt, dass du nicht singen kannst."

„Wer kann denn hier wohl nicht singen?",
kreischt der Waschlappen zurück.

„Stooopp!"

Die beiden Streithähne verstummen.
Der Waschlappen fängt sich als Erster
wieder. Blitzschnell wirbelt er durch
die Luft und landet dann auf Fabi-
ans Schulter: „Tut mir leid, dass wir
uns hier so laut streiten. Das geht
die ganze Zeit schon so. Deswegen
habe ich dich vorhin auch gerufen.
Wir brauchen dringend deine Hilfe!"

„Meine Hilfe?", fragt Fabian erstaunt.
„Wie kann ich euch denn helfen?"
Da mischt sich die Zahnbürste wieder
ein: „Wir streiten uns schon die ganze
Zeit, wer dich als Erster sauber machen
darf. Da haben wir beschlossen, dass
wir einen Singwettbewerb machen.
Wer am besten singen kann, hat gewonnen."

„Ihr könnt aber beide nicht singen", entgegnet Fabian. „Was ich
eben von euch gehört habe, war ganz, ganz furchtbar."
Zahnbürste und Waschlappen sitzen nun ganz kleinlaut auf dem
Waschbeckenrand.
Da hat Fabian Mitleid mit ihnen: „Ich mache euch einen Vor-
schlag. Wer von euch beiden zuerst eine tolle Zauber-Wasch-For-
mel weiß, der darf mich auch zuerst waschen, okay?"
„Okay!", rufen beide und fangen gleich an, durch die Luft zu
schwirren und Formeln vor sich hin zu murmeln.
Die Zahnbürste meldet sich als Erste zu Wort. „Ich habe eine!",
ruft sie ganz aufgeregt.
„Na, da bin ich aber gespannt." Fabian öffnet seinen Mund.
Die Zahnbürste fliegt schnurstracks hinein und putzt vorsichtig
Fabians Zähne. Dabei spricht sie:

„Ich kitzle ein wenig,
putze dies und putze das –
ist das ein Riesenspaß!
Und eins, zwei, drei –
schon ist der Zauber vorbei!"

Fabians Zähne blinken und blitzen.

„Jetzt bin ich aber an der Reihe", ruft der Waschlappen schon ganz ungeduldig. Ohne auf eine Reaktion zu warten, klatscht er in Fabians Gesicht, wuselt rundherum und sagt vor sich hin:

„Ich kitzle ein wenig,
wasche dies und wasche das –
ist das ein Riesenspaß!
Und eins, zwei, drei –
schon ist der Zauber vorbei!"

Fabian ist begeistert. So viel Spaß hat Waschen und Zähneputzen wirklich noch nie gemacht! „Das machen wir jetzt jeden Abend so, ja?"

Sicherlich hat man nicht jeden Abend Lust, Kinder mit tanzenden Zahnbürsten und singenden Waschlappen ins Bad zu locken. Aber wann immer man es mit solchen kleinen Tricks versucht, wird man feststellen, dass der Abend viel entspannter verläuft. Und viel lustiger!

Natürlich lässt sich das Spiel auch auf andere Alltagssituationen übertragen.

Kinder machen so die Erfahrung, dass auch alltägliche Dinge Spaß machen können. Mit etwas Glück sind sie auch beim nächsten Mal mit mehr Elan dabei – ganz ohne die Hilfe von sprechenden Utensilien.

Das schlotternde Zottelmonster

oder wie Anouk ihre Angst vor der Dunkelheit verliert

„Mama, darf ich heute bei euch schlafen?", fragt Anouk mit
ängstlicher Stimme. Bibbernd steht sie vor Mamas Bett.
„Nein, Mäuschen. Das geht doch nicht!", sagt Mama völlig
verschlafen.
Anouk fängt leise an zu weinen. „Bitte Mama, ich habe solche
Angst in meinem Zimmer!"
„Na gut! Komm, leg dich zu mir." Mama gibt sich geschlagen.
Wie meistens.

In letzter Zeit hat Anouk oft Angst im Dunkeln und steht fast jede Nacht an Mamas und Papas Bett. Eigentlich sollte Anouk in ihrem eigenen Zimmer schlafen, das wäre wichtig für sie. Mama und Papa haben sich schon einiges überlegt, um Anouk die Angst zu nehmen. Aber nichts hat etwas genutzt.

Am nächsten Morgen nach dem Frühstück setzt sich Mama neben Anouk aufs Sofa.

„Anouk, jetzt erzähle mir doch mal ganz genau, wovor du nachts Angst hast."

„Vor dem Monster in meinem Zimmer!", erwidert Anouk. „Es ist riesig, hat zotteliges Fell und ist ganz böse."

„Woher weißt du denn, dass es böse ist?", fragt Mama.

„Manchmal schlottert es so fürchterlich!" Anouk zittern die Knie allein bei dem Gedanken an das Monster.

„Weißt du was?", schlägt Mama vor. „Wir schauen gleich einmal in deinem Zimmer nach."

Mama und Anouk durchstöbern das ganze Zimmer. Sie schauen in alle Schränke, unter das Bett und hinter den Vorhang. Nichts! Kein Monster. Ein wenig beruhigt ist Anouk jetzt schon. Damit sie noch ein wenig beruhigter ist, legt Mama ihr eine Taschenlampe ans Bett.

„Damit kannst du überallhin leuchten, wenn du wieder Angst bekommst. Dann wirst du schon sehen, dass es keine Monster gibt. Und außerdem verrate ich dir noch einen Angstverscheuchungszauberspruch. Er heißt:

„Ene mene meck –
die Angst ist weg!
Ich bin mutig und stark wie ein Bär,
das ist doch gar nicht schwer!"

Abends schläft Anouk tatsächlich ohne Angst ein. Die Taschenlampe gibt ihr ein gutes Gefühl. Und der Spruch macht sie irgendwie mutiger.
Doch mitten in der Nacht wird sie geweckt. Sie hört ein leises
Rumpeln, dann wieder dieses schreckliche Schlottern. Dann
sieht sie die Umrisse des zotteligen Monsters! Anouk ist starr vor
Schreck. Doch diesmal ist sie mutig. Schnell sagt sie ihren Angstverscheuchungszauberspruch auf:

„Ene mene meck –
die Angst ist weg!
Ich bin mutig und stark wie ein Bär,
das ist doch gar nicht schwer!"

Dann greift sie zu ihrer Taschenlampe und leuchtet zu dem
Monster hinüber.
Aber was ist das? Da ist gar kein Monster! Vor ihr sitzt ein kleiner, zotteliger Teddybär, bibbernd vor Angst. Er sah im Dunkeln
nur so riesig aus, weil er sich auf die Rückenlehne ihres Sessels
gesetzt hat. Und er schlottert, nicht weil er böse ist, sondern weil
er anscheinend Angst hat. Aber wovor?
„Was hast du denn?", fragt Anouk besorgt und läuft zu dem Bär
hinüber, um ihn zu trösten.

„Bitte, bitte, tu mir nichts", sagt da der Bär schnell.

„Ich?", fragt Anouk verwundert. „Wieso sollte ich dir was tun?"

„Na, weil du nachts immer so komische Geräusche machst. Etwa so: zzzzZZZzzzz."

Der Bär versucht, so laut und so fürchterlich zu schnarchen, wie er nur kann. Da muss Anouk lachen. Und ihre ganze Angst ist auf einmal weg.

„Aber ich schnarche doch nur! Ich habe ein bisschen Schnupfen, da schnarcht man eben manchmal. Guck, so: zzzzZZZzzzz."

Da muss auch der Bär lachen. Und auch er verscheucht mit dem Lachen seine ganze Angst.

„Willst du ab jetzt bei mir im Bett schlafen?", schlägt Anouk vor.

„Oh ja!", ruft der Bär begeistert und kuschelt sich an Anouk.

Beide kichern noch ein bisschen und schlafen dann friedlich ein.

Viele Kinder haben Phasen, in denen sie Angst im Dunkeln haben. Bei einigen geht die Angst so weit, dass sie nachts lieber bei ihren Eltern im Bett schlafen wollen. Auch wenn es okay ist, wenn das Kind ab und zu bei Mama und Papa schläft, sollte das natürlich kein Dauerzustand sein.

Es ist auf jeden Fall wichtig, die Angst ernst zu nehmen und sich ganz genau erzählen zu lassen, wovor das Kind Angst hat. Allein das Sprechen darüber kann schon hilfreich sein. Die Taschenlampe und der Zauberspruch geben zudem das Gefühl, der Angst nicht hilflos ausgeliefert zu sein, sondern etwas dagegen tun zu können. Das gibt auch Selbstvertrauen!

Auf dem Rücken des Drachen

oder wie Lennart auf der Trauminsel zur Ruhe kommt

Rumms! Mit Schwung pfeffert Lennart seinen Schulranzen in die Ecke und wirft dabei den Schirmständer um, der scheppernd zu Boden fällt. Doch das bemerkt er nicht. Dann jagt er schreiend und grölend Momo, seiner Katze, hinterher.

Doch Momo lässt sich nicht einfangen. Fauchend fährt sie ihre Krallen aus und kratzt Lennart mitten ins Gesicht. Autsch, das tut weh!

Lennart brüllt los: „Blöde Katze, blöde Schule, alles ist blöd!" Lennart ist heute nicht zu bremsen. Mama versucht, ihn zu beruhigen, doch es ist zwecklos. Er schlägt und tritt wie wild um sich. Seit einem Monat ist Lennart nun ein Schulkind und er ist auch mächtig stolz darauf. Doch nach der Schule ist er oft sehr aufgedreht und kommt gar nicht mehr zur Ruhe.

„Vielleicht habe ich da ja eine Idee", denkt Mama und öffnet die Tür vom Bücherschrank. Sie holt ein kleines, blaues Buch hervor und legt es auf den Couchtisch.

Dann verteilt sie dicke Kissen auf dem Teppichboden. Ein gemütliches Kuschellager entsteht. Zum Schluss stellt sie schöne ruhige Musik ein.

Lennart hat sich mittlerweile ein wenig beruhigt und schaut seiner Mutter neugierig zu. „Was machst du da?", will er wissen. „Lass dich überraschen", sagt Mama nur. „Leg dich einfach hin, mache es dir gemütlich und schließ die Augen."

Als Lennart sich in die Kissen gekuschelt hat, geschieht etwas Merkwürdiges: Das Wohnzimmer scheint sich langsam zu verwandeln. Statt der Möbel sieht er nun Pflanzen und Bäume um sich herum. Über ihm ist blauer Himmel. Von Weitem hört er das Plätschern eines kleinen Baches.

Dann hört er Mama, die mit leiser Stimme liest: „Stell dir vor, du läufst über eine wunderschöne bunte Blumenwiese. Du hörst das Sirren und Surren der Insekten. Die Blumen um dich herum verströmen die herrlichsten Düfte. Es riecht nach Vanille, Honig, Zitrone und auch nach Erdbeeren. Du genießt die Düfte und lauschst den Geräuschen.

Da entdeckst du etwas in der Ferne. Langsam gehst du hin. Und nun erkennst du: Es ist ein grüner Drache mit großen braunen Augen und flauschigem Fell. Er lädt dich ein, auf seinen Rücken zu steigen und mit ihm durch die Lüfte zu fliegen. Du zögerst erst, doch dann kletterst du vorsichtig auf seinen Rücken. Mit der Hand streichst du langsam durch sein Fell. Es ist kuschelweich! Dann steigt der Drache mit dir in die Luft. Immer höher und höher. Die Welt unter dir ist ganz klein geworden. Ihr schwebt über Wiesen, Wälder, Dörfer,

Flüsse und Seen. Ein Schwarm Störche zieht lautlos an euch vorbei. Schließlich siehst du unter dir das offene Meer. Türkisblau ist es. Ihr fliegt weiter, bis ihr zu einer kleinen Insel gelangt. Dort am Strand landet der Drache. Du steigst vom Rücken ab und läufst am Strand entlang. Du spürst den warmen Sand unter deinen nackten Füßen. Es ist ein wunderbares Gefühl. Du läufst weiter, bis du das Meer erreichst. Der Wind streift dir ums Gesicht und du schmeckst die frische, salzige Meeresluft. Das Wasser umspült deine Füße. Nicht weit von dir entfernt siehst du ein kleines Floß. Du watest durchs Wasser und kletterst hinauf. Dann legst du dich flach auf den Boden, um dich ein wenig auszuruhen. Die Sonne scheint dir warm ins Gesicht. Sanft schwankt das Floß auf den Wellen. Ganz sachte wiegt es dich hin und her. Hin und her. Das Schaukeln beruhigt dich. Du fühlst dich nun vollkommen entspannt. Deine Arme und Beine werden ganz schwer. Und du spürst, wie du immer ruhiger wirst."

Mama macht eine kleine Pause und blickt zu Lennart hinüber. Lennart hat die Augen geschlossen, aber er schläft nicht. Er lauscht der Musik, lässt sich die Sonne aufs Gesicht scheinen und schaukelt auf seinem Floß langsam hin und her. Hin und her.

Die erste Zeit in der Schule oder einer anderen neuen Umgebung ist anstrengend. Für das Kind und für die Eltern. Das trifft auf alle Situationen zu, in denen sich ein Kind auf etwas Neues einstellen muss. So vieles strömt auf es ein, so viel Aufregendes geschieht. Das muss erst einmal verdaut werden. Und oft ist es so, dass das Kind richtig rastlos wird und gar nicht weiß, wohin mit seiner inneren Unruhe.

Da kann es eine ganz gute Idee sein, das Kind mit einer Fantasiereise in eine andere Welt zu entführen, in der es wieder zur Ruhe kommen kann. Ein paar Kuschelkissen, gemütliches Licht, entspannende Musik – und schon kann die Traumreise losgehen!

Frida und die Fee

oder wie Frida versteht, was sie in Zukunft besser machen kann

Immer tiefer gräbt sich Frida in ihr Kopfkissen hinein und weint und weint. Pitschepatschenass ist ihr Bett schon vor lauter Tränen.

„Mama und Papa haben mich nicht mehr lieb", denkt sie. „Immer schimpfen sie nur. Sie haben mich einfach nicht mehr lieb!"
Frida wischt sich die Tränen aus dem Gesicht, aber gleich fängt sie von Neuem an zu weinen.

Dabei hatte der Tag eigentlich so toll angefangen:
In der Stadt, in der Frida wohnt, ist Jahrmarkt. Karussell fahren, Pony reiten, Zuckerwatte essen – darauf freut sich Frida immer schon das ganze Jahr.

Mit Papa, Mama, ihren Freunden Ela und Tom und deren Sohn, dem kleinen Noah, gingen sie gegen Mittag endlich los. Frida war schon ganz aufgeregt und hüpfte vor Freude von einem Bein auf das andere. Sie war vollkommen aus dem Häuschen.

Aber irgendwie ging ihr heute alles viel zu langsam! Endlich waren sie am Kinderkarussell. Doch was war das? Noah wollte ausgerechnet in den Flieger, in den

auch sie wollte. Schnell drängelte Frida sich vor. Mama versuchte
ihr zwar zu erklären, dass Noah vor ihr da war, aber da saß sie
schon triumphierend in ihrem Lieblingsflieger. Und Noah gab
sich auch mit dem Elefanten zufrieden. Überhaupt war sie immer
schneller als der kleine Noah und ergatterte überall die besten
Plätze. Mama und Papa versuchten mehrmals, mit ihr zu reden,
aber wieso sollte sie Rücksicht nehmen? Noah ließ es sich ja
gefallen. Gut, wenn sie ihn wegschubste, weinte er immer gleich.
Aber meistens beruhigte er sich schnell wieder.
Beim Dosenwerfen durfte sie dann nicht mehr mitmachen, weil
ihre Eltern und auch Noahs Eltern ziemlich sauer auf Frida
waren. Das fand sie gemein!
Als sie dann versprach, lieb zu sein, durfte sie
zum Abschluss noch auf einem Pony reiten.
Und sie wusste auch schon auf welchem:
Lula, das getupfte Pony, hatte es ihr an-
getan! Noah allerdings auch! Ela, seine
Mama, steuerte mit ihm auf dem Arm
geradewegs auf Lula zu und wollte ihn in
den Sattel heben. Das wollte Frida natürlich nicht! Sie
rannte auf Lula los und versuchte schnell, ebenfalls in den
Sattel zu klettern. Das tat sie mit einem solchen Schwung,
dass Noah fast vom Pony fiel. Ela konnte ihn gerade noch
festhalten. Und natürlich fing er wieder an loszu-
brüllen. Doch er hatte sich nicht wehgetan. Zum
Glück! Verletzen wollte Frida ihn natürlich nicht.
Sie wollte doch nur auf Lula reiten!
Aber daraus wurde nichts.

„So, das war's für heute!", schimpfte ihr Vater. „Wir gehen nach Hause."

Und auch Mama war stinksauer. So sauer, dass Frida sich allein waschen und den Schlafanzug anziehen musste. Und auch auf einen Gutenachtkuss wartete Frida vergeblich.

Als sie dann im Bett lag, allein und ohne Gutenachtkuss, fing sie zu weinen an. Das war nun der Tag, der eigentlich so schön begonnen hatte …

Und noch immer wollen die Tränen einfach nicht aufhören zu fließen. Frida weint und weint. Doch da macht es auf einmal „Plong!" und vor Frida schwebt eine kleine, hell leuchtende Lichtkugel. Zumindest sieht es aus wie eine Lichtkugel. Doch als Frida genauer hinsieht, entdeckt sie inmitten dieser Kugel eine winzige Fee, die freundlich auf sie hinuntersieht.

„Was hast du denn, Frida?", fragt die Fee.

Da erzählt Frida ihr die ganze Geschichte. Wie sie sich immer vorgedrängelt und Noah geschubst hat, wie sie ihn fast vom Pony geworfen hätte und wie sauer nun alle auf sie sind und dass ihre Eltern sie nicht mehr lieb haben.

„Glaubst du das wirklich, dass deine Eltern dich nicht mehr lieb haben?", fragt die Fee.

Frida nickt.

„Ganz ehrlich?", fragt die Fee noch einmal.

„Na ja", sagt Frida zögerlich. „Vielleicht haben sie mich ja doch ein wenig lieb."

„Ich glaube, du spürst ganz genau, dass deine Eltern dich lieb haben, auch wenn sie mit dir geschimpft haben. Kannst du denn verstehen, wieso sie sauer sind?"

Wieder schüttelt Frida mit dem Kopf.

Die Fee schaut sie prüfend an. „Du weißt wirklich nicht, wieso sie sauer sind?"

„Doch", gibt Frida zu. „Weil ich nicht auf das gehört habe, was Mama und Papa zu mir gesagt haben. Sie haben gesagt, ich soll nicht drängeln, und ich habe mich doch vorgedrängelt. Sie haben gesagt, ich soll nicht schubsen, und ich habe doch geschubst und dann habe ich Noah fast vom Pony gestoßen. Aber das wollte ich nicht."

„Das weiß ich", sagt die Fee und schaut Frida grinsend an. „Aber siehst du, du weißt es ganz genau, weshalb sie geschimpft haben. Und du weißt auch ganz genau, was du das nächste Mal besser machen kannst."

„Ja, ich glaube schon", stimmt Frida zu. „Aber was mache ich, damit morgen wieder alles gut ist?"

„Dafür kenne ich einen speziellen Feenzauber", sagt die Fee und greift in die Tasche ihres Kleidchens. Sie holt ein winziges goldenes Döschen hervor und klappt es auf. Der Inhalt des Döschens glitzert silbern und eine leise, wunderschöne Melodie dringt an Fridas Ohren.

„Das ist Feenstaub", sagt die Fee leise. Sie nimmt ein kleines Häufchen davon auf ihre Hand und pustet es auf Frida hinab. Fridas ganzer Körper beginnt zu leuchten und zu funkeln. Ihr wird ganz warm ums Herz und sie fühlt sich einfach wunderbar. Wie verwandelt!

Am nächsten Morgen wacht Frida gut gelaunt auf. Sie reckt sich und streckt sich und freut sich auf den neuen Tag. Denn heute wird wieder alles gut! Der Feenzauber wird wirken – und sie hat sich fest vorgenommen, heute auf ihre Eltern zu hören und alles besser zu machen. Heute möchte Frida mit ihren Eltern lachen und nicht mit ihnen streiten.

In jeder Familie gibt es besondere Einschlafrituale. Ein schönes Ritual ist, mit den Kindern noch einmal über den vergangenen Tag zu sprechen. Darüber, was ihnen gefallen hat und was nicht. Und darüber, was einem selbst gefallen hat und was nicht. Wenn man ein besonderes Anliegen hat, kann man das Ganze natürlich auch in eine Geschichte verpacken. Mit Elfen und Feen, Piraten, Zauberern oder Glücksdrachen. Wenn man will, kann man auch diese Geschichte hier entsprechend umwandeln. Dabei kommt es nicht darauf an, wie die Geschichte erzählt wird. Es geht einzig darum, dass sich das Kind darin wiederfindet und durch das Erzählen noch einmal die Gelegenheit hat, über den Tag nachzudenken und manche Dinge klarer zu sehen.

Grumpf, der Grummelgnom

oder wie Bennet seine schlechte Laune loswird

Grummelnd sitzt Bennet im Flur auf dem Fußboden. Genau genommen liegt er eigentlich, und zwar quer – so quer, dass Mama, Papa und Bennets Schwester Laura andauernd über ihn drübersteigen müssen, wenn sie in ein anderes Zimmer gehen wollen.

Bennet hat heute schlechte Laune. Und zwar den ganzen Tag schon. Es ist schrecklich! Für alle. Für Mama, Papa und Laura. Und am allerallerschrecklichsten ist es für Bennet selbst. Anfangs hat es ja noch Spaß gemacht, die anderen mit seiner schlechten Laune zu ärgern, aber mittlerweile ist es gar nicht mehr lustig. Er weiß einfach nicht mehr, wie er diese blöde schlechte Laune loswerden soll. Aber immerhin wagt er einen ersten Versuch. Er steht auf und setzt sich zu den anderen an den Tisch.

„Darf ich mitspielen?", fragt er und seine Stimme klingt nun nicht mehr ganz so missmutig.

„Na, klar!", freut sich Papa. „Wir spielen Memory."

„Och, das ist ja ein doofes Spiel!", stöhnt Bennet und will gerade wieder aufstehen, als Mama plötzlich einen schrillen Schrei ausstößt.

„Huch, was ist das?", ruft sie entsetzt.

„Wo denn?", will Papa wissen.

„Da auf Bennets Pulli! Siehst du es nicht?"

Jetzt sehen Papa und Laura es auch. Auf Bennets Pullover sitzt ein kleines, verschrumpeltes Etwas. Es sieht aus wie ein winziger Kobold, ein äußerst mies gelaunter allerdings.

„Lässt du sofort meinen Bennet in Ruhe!", schimpft Papa und versucht, ihn zu fangen. Der Kobold kann sich gerade noch in den Rollkragen von Bennets Pulli flüchten.

Aber Laura ist schneller. Mit einem Griff kann sie ihn fassen. Grummelnd und fluchend versucht er, sich aus Lauras Hand zu befreien.

„Blöde Menschen!", schimpft er. „Ich hätte mir ja gleich denken können, dass ich hier nicht in aller Ruhe meine schlechte Laune verbreiten kann. Dabei gibt es doch nichts Schöneres."

„Wer bist du?" Laura setzt den motzigen Kobold auf den Tisch.

„Grumpf, der Grummelgnom", grummelt der Gnom in seinen Bart. „Und ich werde Bennet zeigen, wie man ein richtig griesgrämiger Grummelgnom wird. Er macht das bisher gar nicht so schlecht, finde ich."

„Ich will aber kein griesgrämiger Grummelgnom werden", mischt sich Bennet da ein.

„Ich finde das schrecklich, wenn ich so schlecht gelaunt bin!"

„Ich auch!", sagen Mama, Papa und Laura wie aus einem Mund.

„Na, ihr werdet schon sehen! Ich mache aus Bennet den griesgrämigsten und motzigsten Gnom weit und breit!", ruft Grumpf siegessicher und stemmt die Arme in die Hüften.

Doch da hat er die Rechnung ohne Bennet gemacht. Dieser schnappt sich den Grummelgnom und setzt ihn kurzerhand in den Garten zu den Mülltonnen.

„Und wag dich ja nicht mehr zu uns rein!", droht Bennet. „Wenn doch, dann setze ich dich sofort wieder vor die Tür oder spüle dich die Toilette runter! Ich lass mir doch von dir nicht meine Laune verderben. Ich will fröhlich sein und nicht schlecht gelaunt!"

Und da macht es auf einmal „paff" und der Grummelgnom löst sich vor Bennets erstaunten Augen in Luft auf. Weg ist er – und mit ihm auch seine schlechte Laune!

Vielleicht funktioniert es nicht immer und auch nicht bei jedem Kind. Aber vielen Kindern macht es Spaß, unsichtbare Grummelgnome zu verjagen. Grummelnde Gnome, die sich gerade in Pullis retten wollen. Das kitzelt natürlich, wenn man versucht, sie wieder einzufangen. Meistens müssen Kinder dann lachen. Und schon ist die schlechte Laune verzogen!

Wenn ein wenig Zeit verstrichen ist, ist es sicherlich sinnvoll, noch einmal nachzufragen, ob es einen bestimmten Grund für die schlechte Laune gegeben hat. Oft sind es nur Kleinigkeiten, die die schlechte Laune ausgelöst haben. Falls nicht, kann man aber mit Abstand und Ruhe viel besser helfen als während der grummeligen fünf Minuten.

Noch ein kleiner Tipp: Auch Wutgnome lassen sich so prima verscheuchen!

Marlene zieht um

oder wie Lola neue Freundschaft schließt

Wie ein Häufchen Elend sitzt Lola auf den Stufen vorm Kindergarten, als Mama sie abholen kommt.

„Was ist denn passiert, Lola?", fragt Mama. „Geht es dir nicht gut?"

Lola lässt den Kopf sinken und sagt kein Wort.

Mama setzt sich neben sie. „Magst du mir nicht erzählen, was du hast?"

„Marlene ist nicht mehr da", sagt Lola kurz. Doch dann kann sie sich nicht mehr zurückhalten und fängt zu weinen an.

„Aber Lola", beschwichtigt Mama. „Sie ist vielleicht nur krank und morgen ist sie wieder da."

„Nein, du verstehst mich nicht", unterbricht Lola sie und wischt sich die Tränen aus dem Gesicht.

„Marlene kommt nicht mehr. Nie wieder! Sie ist in eine andere Stadt gezogen. Ganz plötzlich. Wir konnten uns nicht einmal mehr verabschieden!"

„Das tut mir leid für dich, Lola. Das tut mir wirklich leid!"
Mama überlegt.

„Weißt du was? Ich versuche, ihre neue Adresse herauszufinden."

„Das wäre toll!", sagt Lola und lächelt wieder, zumindest ein bisschen.

Doch es ist gar nicht so leicht, die neue Adresse von Marlene ausfindig zu machen. Das merken die beiden schnell. Es vergehen Tage. Und Lola wird immer stiller und trauriger.

„Niemand spielt mit mir", sagt Lola eines Tages, als sie aus dem Kindergarten nach Hause kommt. „Ich vermisse Marlene so!"

Auch Mama weiß keinen Rat. Sie hat alles versucht, aber sie konnte nicht herausfinden, wo Marlene jetzt wohnt.

Als Lola am nächsten Morgen aufwacht, ist irgendetwas anders als sonst. Das spürt sie sofort. In ihrem Zimmer duftet es nach Rosenblüten und Vanille. Glitzernder Feenstaub liegt in der Luft. Und auf einmal sieht sie es! Auf ihrem Sessel liegt ein funkelnder, goldener Zettel.

„Mama, schau mal, was ich hier gefunden habe!" Aufgeregt hält Lola ihr den geheimnisvollen Zettel hin.

Mama nimmt ihn erstaunt in die Hand. „Aber das ist ja eine Adresse – Marlenes neue Adresse! Woher hast du den Zettel?"

„Er lag heute Morgen einfach auf meinem Sessel", antwortet Lola.

„Das ist aber merkwürdig", wundert sich Mama. „Soll ich einmal testen, ob die Telefonnummer stimmt?"

„Ja, bitte!", ruft Lola begeistert.

Und tatsächlich: Es ist Marlenes neue Telefonnummer.

Als die beiden Freundinnen endlich wieder miteinander sprechen, ist die Freude riesengroß. Auf beiden Seiten.

Lola erfährt, dass auch Marlene sehr traurig war. Die Freundinnen beschließen, dass sie sich in Zukunft, so oft es geht, treffen wollen. Und Lola lädt Marlene gleich zu ihrem sechsten Geburtstag ein. Doch der Geburtstag ist erst in zwei Wochen. Das heißt, noch zwei Wochen ohne Marlene!

Mama versucht, Lola aufzumuntern, und schlägt ihr einen Ausflug in den Zirkus vor. „Wenn du magst, darfst du auch ein Mädchen aus dem Kindergarten mitnehmen", meint Mama. Doch Lola fällt gar niemand ein. Aber dann erinnert sie sich, wie sie mit Anna gestern im Kindergarten verschiedene Kostüme anprobiert hat. Das hat Spaß gemacht! Und Anna ist wirklich nett, findet Lola. Ob sie wohl Lust hat, mit ihr in den Zirkus zu gehen?

„Oh ja!", ruft Anna begeistert, als Lola sie am nächsten Tag fragt. „Ich liebe Zirkus mit all den Zauberern, Clowns und Seiltänzern."

Der Zirkusbesuch wird ein voller Erfolg.

Erst sind Lola und Anna noch ein bisschen schüchtern. So gut kennen sie sich ja noch nicht. Aber mit der Zeit werden sie sich immer vertrauter. Sie lachen und kichern unentwegt. Am Schluss dürfen sie sogar noch auf einem Kamel reiten. Das finden die beiden natürlich klasse!

„Und, Lola, wie hat dir der Tag gefallen?", fragt Mama, als sie nach Hause kommen.

„Es war lustig!", sagt Lola. „Mit Anna kann man ganz viel Spaß haben."

„Das freut mich, mein Schatz!", sagt Mama. „Und
wenn ihr euch häufiger trefft, wird Anna vielleicht auch bald eine so gute Freundin sein wie
Marlene."

Und Lola denkt: „Eigentlich bin ich ja ein
Glückspilz. Nun habe ich zwei Freundinnen.
Mit Marlene werde ich mich auf alle Fälle
weiterhin treffen und mit Anna kann ich jeden Tag
im Kindergarten spielen."

Es ist für Kinder eine schwierige Situation, wenn die beste Freundin oder der beste Freund wegzieht oder früher eingeschult wird. Falls irgendeine Möglichkeit besteht, dass sich die Kinder zumindest hin und wieder treffen, sollte man sie nutzen. Auch die Suche nach neuen Freunden oder Freundinnen fällt generell leichter, wenn die alte Freundschaft aufrechterhalten wird. Wichtig ist es natürlich, für das Kind da zu sein, wenn es Kummer hat. Aber man sollte nicht zu sehr mit ihm leiden, sondern lieber mit ihm gemeinsam nach Lösungen suchen. Kinder lernen gerade in solchen Situationen sehr viel. Die Fähigkeit, neue Kontakte und neue Freundschaften zu knüpfen, wird ihnen im späteren Leben sehr hilfreich sein. Derartige kleinere oder größere Krisen können auch immer eine Chance sein. Und das Schöne dabei ist, dass wir, solange die Kinder klein sind, noch die Möglichkeit haben, sie dabei zu unterstützen.

Der unsichtbare Freund

oder wie Mika an sich glaubt

Mika steht am Beckenrand und schaut nach unten. Er kann bis auf den Boden des Schwimmerbeckens sehen. Mika schlottert. Ein bisschen vor Kälte und ein bisschen vor Angst. Alle Kinder sind schon ins tiefe Becken gesprungen und einfach weitergeschwommen. Alle, bis auf Mika.

„Los, Mika, spring!", ruft die Schwimmlehrerin.

So gerne hätte Mika das Erstschwimmerabzeichen bekommen, aber er traut es sich einfach nicht zu. Fünf Bahnen kann er schwimmen, ohne sich am Beckenrand festzuhalten. Und auch das Tauchen bereitet ihm keine Schwierigkeiten. „Das ist doch babyleicht!", sagt er immer. Nur ins Becken zu springen, das schafft er einfach nicht.

Noch einmal versucht er, all seinen Mut zusammenzunehmen. Aber es hat keinen Sinn. Er weiß nicht, wie er das schaffen soll. Wütend über sich selbst setzt er sich auf die Bank und sieht den anderen zu, wie sie lachend und platschend ins Becken springen.

Die Schwimmlehrerin kommt auf Mika zu: „Am Freitag ist unsere letzte Stunde. Wenn du dann springst, kann ich dir dein Seepferdchen geben."

Mika nickt stumm. „Wie soll ich das nur schaffen?", denkt er. „Springen und dann gleich weiterschwimmen. Das kann ich nicht. Ich kann's einfach nicht."

„Natürlich kannst du das!", hört er eine laute Stimme neben sich.

Mika dreht sich um. Doch da ist niemand. Die Schwimmlehrerin ist mit den anderen Kindern schon zum Nichtschwimmerbecken gelaufen.

„Wieso solltest du das nicht können?", spricht die Stimme weiter.

„Am Freitag springst du einfach ins Wasser und schwimmst los. Und dann bekommst du dein Seepferdchen. Ganz einfach."

Mika ist ratlos. Weit und breit ist niemand zu sehen. Aber wer spricht da mit ihm?

„Wer bist du?", flüstert Mika zaghaft. Doch er bekommt keine Antwort.

Den ganzen Tag über hört er die Stimme nicht mehr. Erst abends wieder, als er im Bett liegt. Er denkt gerade an sein Seepferdchen und ist sich sicher, dass er es nicht schaffen kann. Leise murmelt er vor sich hin: „Ich kann's einfach nicht."

Doch da ist sie wieder, die Stimme. Ganz fest und bestimmt sagt sie: „Natürlich kannst du das. Das weiß ich genau! Du musst nur an dich glauben."

Und dann ist wieder Stille im Raum.

„Wer bist du?", flüstert Mika noch einmal. Doch es rührt sich nichts. „Vielleicht kann ich es ja wirklich schaffen", denkt Mika und schläft bald ein.

Der Freitag, der Tag, an dem Mika sein Seepferd- chen machen möchte, rückt immer näher. Die seltsame Stimme hört Mika noch ungefähr drei Mal. Jedes Mal, wenn er denkt: „Ich kann's einfach nicht!", spricht sie laut und fest: „Natürlich kannst du das! Das weiß ich genau!"

Je häufiger Mika die Stimme hört, desto mehr beginnt er, daran zu glauben, dass er es wirklich schaffen kann. Wieso sollte er es nicht schaffen? Eigentlich ist es ja gar nicht schwer, einfach zu springen und loszuschwimmen.

Als er am Freitag dann am Beckenrand steht und ein wenig zögert, spricht die Stimme wieder zu ihm: „Mika, spring, du kannst es!"

Und Mika springt ins Wasser und dann schwimmt er einfach los. Er hat es geschafft! Und es war gar nicht schwer. Babyleicht sogar. Alle freuen sich! Mama, die Schwimmlehrerin, die anderen Kinder – und noch jemand: Am Beckenrand hüpft ein kleiner Drache vor Freude auf und ab.

„Super, Mika, super! Ich hab gewusst, dass du's kannst!"

Als Mika aus dem Becken steigt, springt ihm der kleine Drache direkt in die Arme. „Siehst du, wie ich es dir gesagt habe. Du musst nur an dich glauben, dann kannst du es auch!"

„Warst du das, der die ganze Zeit mit mir gesprochen hat?", fragt Mika.

Der Drache nickt: „Klar, das war ich!"

Nun sind auch die anderen Kinder zu Mika gelaufen und wollen ihn beglückwünschen.

„Mit wem sprichst du denn?", fragt Robin, Mikas Freund. Anscheinend kann Robin den kleinen Drachen, der noch immer über das ganze Gesicht strahlt, gar nicht sehen.

„Cool!", denkt Mika. „Ich habe einen unsichtbaren Freund, den nur ich sehen kann."

Zu Robin sagt er: „Das ist ein Geheimnis, davon erzähle ich dir später."

Seit diesem Tag sind Mika und der kleine Drache Tamir, so heißt er nämlich, richtig gute Freunde. Mika spürt, dass Tamir an ihn glaubt und ihm viel zutraut. Und das tut ihm gut. Nur manchmal fällt es Mika noch immer schwer, an sich zu glauben. Aber da verrät ihm Tamir einen Geheimtrick: „Wenn du das nächste Mal denkst, dass du etwas nicht kannst", sagt er, „dann musst du ganz schnell denken: ‚Doch, das schaffe ich!' Und dann? Weißt du, was dann passiert? Dann schaffst du es auch! Ganz bestimmt."

Und tatsächlich: Der Drache behält recht. Viele Dinge, die sich Mika früher nicht zugetraut hat, gelingen ihm jetzt. Er beginnt, immer mehr an sich zu glauben. Und immer häufiger denkt er: „Das schaffe ich schon!"

Viele Kinder in einem bestimmten Alter leben in einer magischen Welt, in der es unsichtbare Wesen gibt, die helfen, trösten oder ermutigen. Das kann man sich ruhig zunutze machen, indem man den „unsichtbaren Freund" zum Komplizen macht. Wenn nur die Eltern sagen: „Das schaffst du schon!", ist das für ein Kind nicht immer ausreichend überzeugend. Wenn man aber sagt: „Hör mal! Kann es sein, dass dein Drache (oder Teddy etc.) gerade etwas zu dir sagt?", dann findet man leichter einen Zugang.

Wenn ein Kind viel Ermutigung erfährt und immer wieder hört „Das schaffst du schon!" oder „Das traue ich dir zu!", dann wächst sein Selbstvertrauen und ihm werden immer mehr Dinge gelingen.

© KERLE
in der Verlag Herder GmbH, Freiburg im Breisgau 2012
Alle Rechte vorbehalten
www.kerle.de

Umschlaggestaltung: ReclameBüro, München
Satz: Arnold & Domnick, Leipzig
Herstellung: fgb · freiburger graphische betriebe
www.fgb.de

Gedruckt auf umweltfreundlichem, chlorfrei gebleichtem Papier
Printed in Germany
ISBN 978-3-451-71120-6